誰も書かなかった昭和史の謎

別冊宝島編集部 編

SUGOI文庫

宝島社

誰も書かなかった昭和史の謎

ほりー
すみれ
さんもんや
根岸
せいこ
京茶屋
BAR
シャドー
中国
料理
味之飯店
花梨
KARIN
ルーカス
樽平
中華料理

File.1

昭和の伝説アイドルが駆け抜けた「時代」

芸能界の神話「山口百恵」「育ての親」が語ったデビュー秘話と電撃引退

インタビュー・酒井政利（音楽プロデューサー）

8年に満たない短き芸能生活を通じ、鮮やかな記憶を日本人の脳裏に刻んだ山口百恵。21歳の若さでステージを降りたアイドルは、その後40年近くもの間、沈黙を守り続けている。その聖域を自ら守り続ける彼女の心象風景を、育ての親として知られる酒井政利氏（音楽プロデューサー）が語る。

1980年の芸能界引退から38年。いまなお、「昭和最高のアイドル」としてその名が挙がる山口百恵。

国内で発行される主要な雑誌を所蔵する「大宅壮一文庫」（東京・世田谷区）は、約400誌から作成したキーワード別の「索引ランキング」を発表しているが、同文庫創設から現在にいたるまでの「総合ランキング」において、山口（三浦）百恵は総合7位にランク入りしている。

わずか8年の芸能生活に区切りをつけた後、一切表舞台に立っていない人物が、この順位をキープし続けるのは異例の現象であり、改めて山口百恵という存在が、時代を超越した「伝説」となっているかを認識させられる。

当初は地味な存在だった山口百恵の内面に類稀なる「スター性」を見出し、百恵を世に送り出したことで知られる音楽プロデューサー・酒井政利氏に、山口百恵と彼女が生きた時代について聞いた。

「三浦百恵」が管理する「山口百恵」の神話

1980年に引退した山口百恵さんは、待望論もあるなかで、表舞台に復帰することなく沈黙を守っています。

これは三浦百恵さんが、「山口百恵」という歌手、女優、アーティストを見事に管理しているのだと思います。

それは大変難しいことであって、往々にしてタレントは自分のイメージを壊してしまう。しかし、百恵さんの場合は、努力して完璧に過去の自分を管理している。そこに彼女の「凄み」があるのです。

山口百恵の価値を守ること――それは、かつてお世話になったスタッフたちへの彼女なりの恩返しでもあると、私は感じますね。

酒井政利（さかいまさとし）…1935年和歌山県生まれ。立教大学卒業後、松竹に入社。その後、日本コロムビア、CBS・ソニー（現・ソニー・ミュージックエンタテインメント）を経て酒井プロデュースオフィス代表。

ステージに上がる人間は、しばしば魔力に取り付かれる。「表現力」という名の奥に潜む魔力ですね。

彼女もまたそうでした。時期としては引退する2年ほど前でしたか、山口百恵の心のなかに葛藤があったように思います。

アイドルからスター歌手、さらにそ

のゾーンを抜けてアーティストになりつつあった。表現への欲求が、はっきりと見て取れました。

私は心配でした。しかし彼女は、その気持ちを何とか払拭して、結婚という決断に向かっていったのです。

彼女は引退した後も、その「魔力」と闘っていたようでした。何か具体的なことを言ったわけではないのですが、会うと、それを感じる瞬間があったんですね。ただ、そういう心の葛藤から生まれるエネルギーを、夫（三浦友和）の俳優業を支えたり、息子さんを育てるという方向に振り向けていったのだと思います。

山口百恵が、70年代に全盛を誇ったオーディション番組『スター誕生！』（日本テレビ、通称「スタ誕」）出身であることはよく知られている。

1972年、同番組で牧葉ユミの「回転木馬」を歌った山口百恵は見事、準優勝に輝く。翌年に14歳で芸能界デビューを果たし、森昌子、桜田淳子とともに「花の中三トリオ」と呼ばれた。ちなみに森昌子、桜田淳子はともに「スタ誕」優勝者である。

当時、CBS・ソニーのプロデューサーだった酒井氏と山口百恵の「出会い」

もまた、この番組がきっかけだった。

「スター誕生」応募写真の存在感

「スター誕生！」という番組のプロデューサーは日本テレビの池田文雄さん（故人）でした。

池田さんのことはよく存じ上げていましたが、私自身はこの番組自体にあまり協力していなかったんです。

というのも、私はオーディション番組というものにそれほど興味がなくて、むしろそういう番組に反発するような、アンチテーゼを示すようなタイプが好きだったんです。

ただ私のそういう性格を池田さんも見抜いていたんですね。ある日電話がかかってきましてね。こんなことを言われました。

「酒井さん、ちょっと会って欲しい子がいるんだけどね……」

「どういうことですか？」

「いや、札が挙がらないと思うんだ」

札というのは、「スタ誕」で上位入賞者に対し、芸能事務所がプラカードを挙げて獲得の意思を示すときの話です。

でも地味な女の子だから、札が挙がりそうもない。だからちょっと会ってもらって、できれば札を挙げて欲しいと。そういうお願いだったわけです。

私はまず池田さんに、番組の応募書類を見せてもらったんですね。名前は山口百恵。そしたら非常にきれいな顔の印象なんです。

時代劇の「銭形平次」や「大江戸捜査網」などの出演で知られる土田早苗さんに似た、和の美しさがありました。私は直感的に「歌でうまくいかなくても、時代劇の女優さんならいけそうだな」と思ったりしました。

その写真は公園のブランコの脇に立っているものでした。決して着飾ったりしているわけでもなく、大地を踏みしめているというか、意志の強さを感じさせる雰囲気の写真でした。

私はそのとき池田さんにこう言いました。

「フォークっぽいものを歌わせたら面白いかもしれませんね」

すると池田さんもイメージがピンと来た様子でね。

「そうだ、フォークか、なるほど……」

15歳の山口百恵。「石鹸のような清潔感があった」(酒井氏)

そんな感じでした。

でも、いまでも初めて山口百恵の写真を見たときの、強い印象は忘れません。

私はよく言っているんです。自分のなかで「想念」を持たないと、思う人には出会えないよ、と。

日頃から〝こんな人に出会いたい〟という「想念」を持っていれば、探している人に出会える。私が山口百恵に出会えたように。

彼女は牧葉ユミの「回転木馬」を歌って芸能界デビューにこぎつけるわけですが、桜田淳子や森昌子と比べて、そこまで大きな期待をかけられていた存在ではなかったですね。

まず、どことなく影の部分というのか、暗さがつきまとっていた。それから当時はまだ歌手として音域が狭かった。いわば合格点スレスレですよね。

ただ、彼女と面接する段になって、実際に初めて言葉を交わしたあと、私は山口百恵という存在がやけに気になってくるんですね。

そのときの第一印象というのは「それほど多くのことを話していないのに、ずいぶん長く話したような気がするなあ」というものでした。

どうしてそういう気持ちになるのだろう、と考えたとき、彼女の「表情」に惚れ込んでいる自分に気付いたのです。

私はもともと映画製作の仕事がしたくて、大学卒業後に松竹に入社しました。ところがちょうどその頃から日本の映画産業は斜陽になりまして、テレビが時代の主役になっていく。でも、私は映画が好きでそれをなかなか諦め切れませんでした。

松竹から日本コロムビアに転職したときも、「映画のテーマソングを作る」という気持ちで仕事に取り組みました。原作となる本を探すところから始めて、映像を自分の頭のなかで作っていくわけです。

1964年、入社3年目に手がけた「愛と死をみつめて」。これは原作もベストセラーになりましたが、日本コロムビア初となる日本レコード大賞を獲得しました。いま思い返しても、まったくの幸運でした。

当時から私は、映像で物事をイメージする癖がありました。山口百恵さんという人は、まさに私が求めていた人だったように思います。

彼女が笑うと、暗闇のなかにパッとマッチで火をつけたような、あの瞬間の輝きにも似た、人の心をつかむ印象がありました。

普段の表情は地味で、ちょっと暗いように見えるけれども、あるときニコッと笑うと、ものすごく輝いて見える。その表情が心に焼き付けられる。この人は暗い人なんかじゃないんだな、と分かって内面にも魅かれました。

「表情」を持っている歌手はそう多くありません。かつて、寺山修司さんは私によく教えてくれました。

「酒井さん、アイドルは〝つくりもの〟じゃダメだよ。生の人間を出さないと……」

まさにその通りなのだと思いますね。

ホリプロに所属が決まり、1973年5月に歌手デビューした山口百恵だったが、デビューシングル「としごろ」はオリコン最高位でも37位と惨敗に終わる。

だが、それが「百恵伝説」の幕開けに相応しいエピソードになることを、酒井氏はこのときから予感していたという。

「デビュー曲」惨敗と「性典路線」の誕生

不思議なもので、大成する歌手は、たいていデビュー曲で転ぶんです。逆に最初にミリオンセラーというのはその後が危ない。どこかで気持ちが緩むんですね。

山口百恵の場合、もともと歌唱力については安心できない部分があったし、こういったスタートはあり得ると思っていました。

デビュー曲の「としごろ」でも、私は何か彼女なりの主張を入れてあげたいと思い、サブタイトルに「人にめざめる14歳」というコピーを打ったんです。これは私のこだわりでした。

ところが、それを見たファンが「人にめざめるって……何ですかこれは?」って言うわけですよ。売れないうえにまったく理解されないし、あのときはショックでしたね……彼女に重荷を背負わせてしまったようで……。

だから私も腹を決めました。

「よし、こうなったらもっとストレートに、過激なもので行こう」

そう決心したんです。

彼女には「石鹸」のような清潔さがありました。どんなに過激な歌であったとしても、彼女の持つ清潔感がそれを融和してくれる。桜田淳子さんが正統派の『明星』『平凡』なら、山口百恵は『プレイボーイ』『平凡パンチ』で行こう――そう決めて、デビュー2作目で過激路線の「青い果実」をリリースするわけです。

彼女はその路線を黙って受け入れた。心の片隅には「こんな歌なんて……」という気持ちがあったと思います。しかし、これは仕事であり、戦争であると。壁を乗り越えるんだというプロ意識が彼女を後押ししてくれました。

「青い果実」は確かに売れました。狙い通りヒットしました。しかし、その反動も大きくてレコード会社には全国の母親たちから苦情が殺到ですよ。「こんな歌を14歳に歌わせてどういうつもりなんですか」とラジオ局に何度も呼び出されました。

しかし粘り強く「これはメッセージなんだ」ということを説明し続けた結果、〝性典路線〟も軌道に乗りまして、山口百恵は独自のスター路線を歩むことになるのです。

当時のアイドルに求められていたもの――それは人間の精神的陰影であり立体感であったように思います。

私は山口百恵の前に南沙織という歌手をプロデュースしましたが、実は彼女の売り出す際も、その「時代のニーズ」については強く意識していました。

私が当時意識していたのは「成長の記録」でした。何かを演じ続けるアイドルではなく、本人の内面的な成長を作品として見せる、リアリティを盛り込んでいこうと考えた。山口百恵はそうした期待に呼応してくれるアーティストでした。

あれはずいぶん後になってからの話ですが、彼女はコンサートでさんざん歌ったあとのトークで「お米の研ぎ方」なんて話をするんですよ。普通ならちょっと不自然な感じがするんだけれども、彼女が言うとそれが日常的な魅力になるんですね。そうした魅力を当時、多くの文化人たちが評価してくれました。

山口百恵は自分自身で「伝えたい」という気持ちを持っていると同時に、それをどう伝えれば良いか、日々考え抜く努力家でもありました。

デビューから7枚目のシングルとなる「冬の色」。1974年12月にリリースされたこのバラード作品は、山口百恵自身初となる「オリコン1位」を獲得する。15歳11カ月での1位獲得は女性ソロ最年少の記録だった。

「3通り」の歌い方を用意してきた百恵

「冬の色」の2作品前の「ひと夏の経験」あたりから、彼女は明確に変わってきた。表情にも自信が出てきましたし、自分自身でより深く考えるようになってきました。

「冬の色」は、心の内面を掘り下げた歌です。

山口百恵はこの歌を仕上げるにあたって、Aバージョン、Bバージョン、Cバージョンと異なる3種類の歌い方を自分で考えてきました。

われわれがミキシングルームにいて「それではお願いします」と指示を出す。彼女はテイク1でAバージョン、テイク2でBバージョンといったように少しずつ違う歌い方を披露していった。

「いったい、どれを選んでくれるんですか」

私たちはあのとき、試されていました。

彼女は言葉でそう言わないけれども、心でそう言っているのがヒシヒシと伝わってきた。彼女の「目覚め」を感じさせられたこの曲は、セールス面でもいちばん売れました。

私は歌手として、というよりも女優としての成長を感じましたね。表情が違っていた。凄みがありました。

その後、山口百恵は宇崎竜童さん、阿木燿子さんと出会い、自身の出身地にちなんだ「横須賀ストーリー」、これも非常にうまく歌いましたよね。

時を同じくして、彼女は谷村新司さんにもさまざまな薫陶を受け、陰に陽に影響を受けるようになった。もともと頭の回転が速く、何事も吸収できる年頃でしたから、彼女の成長は著しいものがありました。

当時、私の目から見ていて、山口百恵に「老成」を感じることさえありました。表現がうまくなりすぎたというのか、10代の少女でありながら、ふと腕を組む仕草など、同年齢の女の子には見えない瞬間がありました。

21歳で引退した山口百恵の芸能生活はわずか8年ほどに過ぎないのですが、もっと長い時間をともに過ごしていたように感じる理由は、彼女の驚異的な「成長」にあったのかもしれません。

彼女が20歳になるのに合わせ、「曼珠沙華《マンジューシャカ》」というアルバムを作りました。山口百恵に「阿修羅像」のイメージが重なっていることを感じていた私は、仏教の用語に何か彼女のイメージを言い表す言葉があるのではないかと思い、書店に飛び込みました。

そして、分厚い仏教の辞典を立ち読みしていて見つけた言葉が、この「曼珠沙華」でした。「天界に咲く白い花」という意味です。彼女はまさにそのイメージを見事に体現しました。

あまりにもその歌が素晴らしかったので、山口百恵のマネージャーであった小田信吾さん（後にホリプロ社長、現・最高顧問）と一緒に、広島のほうまでステージを見に行ったこともありました。

彼女は「なんでここまで来ているんだろう」と不審な様子でしたけどね（笑）。

当時は強行軍で、レコーディングが夜の10時くらいから始まることが多かった。それでも移動の車の中でデモテープを聞いて、必死になって曲を歌う。でもスタジオに入るときには、そんな素振りはまったく見せないんですね。

「曼珠沙華」のときはマンジューシャカの顔で来る。「プレイバック」のときはそれっぽい少し突っ張った顔になる。その頃はすでに完成されたアーティストでした。


ホリプロの小田信吾氏は、山口百恵の唯一無二のマネージャーとして信頼された人物だった。

仕事には厳しく、それでいて人情に満ちた小田氏は山口百恵にとって苦楽を共有する仲間であり、父のような存在であったと言われる。

その信頼関係は絶対的で、引退する数年前からは山口百恵の「独立話」が何度となく持ち上がった。

後に山口百恵はベストセラーとなった自伝『蒼い時』のなかで、ホリプロ社長であった堀威夫氏について「意見や仕事に対する考え方の違いで、正面衝突したことも多かった」と告白している。

「小田氏と山口百恵はセットで独立」――しかし結果的にそのシナリオは幻となり、山口百恵は三浦友和との結婚を発表。

小田氏は百恵引退後の１９８４年、ホリプロ社長に就任する。

「独立」していたら不幸になっていた

山口百恵はなぜきっぱりと引退したのか、という点について、小田さんとの独立話が実現しなかったからというのは、理由のひとつとして間違っていないと思います。

ただ、結果的にそれは彼女を幸せにした。そのまま計画が強行されていれば、必ず大きなトラブルになっていたと思います。

彼女は独立を望んでいた。しかし小田さんが最終的に独立を回避した。彼女の心のなかにはどこかで不満があったかも分かりませんね。でも、いまでも２人の信頼関係は続いているはずです。

小田さんは抜群に仕事ができる人でしたからね。激務のなかで、まれに体調を崩すこともある。そういうとき、山口百恵のなかの「母性」が目覚めることがあるんです。満身創痍でも、いつも自分を支え続けてくれる小田さんに対して、絶対の信頼感が芽生える。彼女はホリプロではなく、小田さんのことを信頼するようになった。

私は彼女が「結婚」を宣言したとき、個人的にはほっとしたんです。初めて山口百恵を見たとき、「この子は普通に結婚して幸せになるタイプではなく、仕事に生きるしかない」という確信があったんです。薄幸に見えたんですね。でもそれが彼女の魅力でもありました。

ですから、三浦友和さんとの婚約は、私の見立てを良い意味で裏切ってくれたと思ったわけです。

私が彼女の結婚を聞いて喜んだのを見て、周囲の人間はこう言いました。

「酒井さん、ドル箱の山口百恵が結婚して引退するのになぜ嬉しい気持ちになれるんですか？」

でもそのとき、私はもう彼女とは家族の一員のような関係だったんですね。デビュー曲がうまくいかなくて、苦労しただけに思い入れも強かった。それは小田さんも同じだったと思います。

もし彼女が引退せずに、女優として活動を続けていたならば、本当に日本を代表する大スターになっていたと思います。

彼女は引退時にあれだけの表現力を持っていたわけですが、映画ではリメイク作品がほとんどで、後世に残るオリジナルの代表作がないんです。現役時代、忙しすぎてオリジナル作品に挑戦するスケジュールが取れないまま終わってしまった。それは私の個人的な「心残り」ですね。

彼女は「中3トリオ」として芸能界にデビューして、ちょうど高校、大学に当たるものが芸能界だったと思うんです。

あのような形で芸能界を引退したことについて、いまの彼女にはまったく、後悔はないでしょう。

しかし、引退した当時に心残りがまったくなかったかと言えば、そうとは言い切れないと思います。

彼女には身を削るような少女時代というものがあって、幸せな家庭願望もあった。表現活動への心残りはあったとしても、少女時代の願望というものは、それを上回るものだったと思います。

その「幕引き」が百恵の伝説を完成させた

彼女にとって、8年間の芸能活動は非常に濃密でハードなものであったけれども、それは決して苦しいものではなく、普通の女性が高校、大学時代を振り返ったときに感じるような、夢中で駆け抜けた楽しい時代だったと私は信じています。そうでなければ、大事な2人の息子さんを芸能界に送り出すことはできないはずですからね。

私は、山口百恵の「伝説」を守り続ける彼女に敬意を表し、同じ時代に仕事ができたことに感謝したい。その気持ちでいっぱいです。

File.2

戦後最大の未解決事件

1億人を騙した男「三億円事件」モンタージュ写真はこうして作られた

1968年に発生した三億円強奪事件。警察の威信をかけた大捜査もむなしく、事件は未解決に終わり、謎だけが残された。事件直後に公開された犯人の「モンタージュ写真」をめぐる秘話。

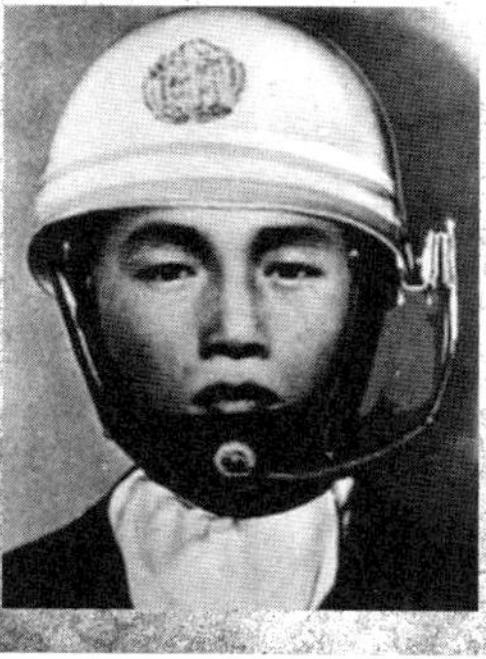

顔写真は死去した別事件の容疑者だった

いまから半世紀前の1968（昭和43）年12月10日、東京・府中市で発生した「三億円事件」。

東芝従業員のボーナスを積んだ現金輸送車がニセの白バイに乗った男にクルマごと奪われ、現金約3億円（現在の貨幣価値で約20億円）が強奪されたこの犯罪史上に残る大事件は、1975（昭和50）年12月10日に公訴時効が成立。昭和最大の未解決事件のひとつとしていまも多くの謎が残されたままになっている。

事件発生から半世紀近い月日が経過し、事件を知らない世代も多くなってはいるが、いまなお強烈なインパクトを残す「三億円事件の象徴」がある。それが犯人とされる「モンタージ

事件直後の現場。白バイは乗り捨てられていた

ュの男」の顔写真だ。

白バイのヘルメットをかぶった、精悍な若者の肖像——この写真は、事件発生から11日目の1968（昭和43）年12月21日に警視庁が公開したものだった。だが、捜査関係者の間で「モンタの男」と呼ばれたこの写真は、三億円事件発生の前年に28歳で死去した、事件とは全く無関係の青年I氏の写真をほぼ流用したものだった。

この驚くべき事実を初めて詳細に示したのは、事件から12年後、『文藝春秋』（1980年8月号）に掲載されたレポート『「顔」の疑惑』（小林久三・近藤昭二）であったと思われる。

事件発生から時効まで7年もの間、国民が「総刑事」と化して探し続けた「モンタージュの男」が、はっきりとした根拠もなく拙速に作成された、デッチ上げのような写真だったこととの衝撃はあまりに大きかった。

捜査の迷走と迷宮入りを象徴するこのモンタージュ写真はどのようにして作られたのか。当時の捜査資料をもとに振り返ってみる。

三億円事件発生から11日目の12月21日、警視庁は1枚の「モンタージュ写真」

現金輸送車に乗っていた日本信託銀行の４人の行員

を公開した。

それが有名な「白バイの男」の顔である。

三億円事件の象徴ともいうべきこのモンタージュ写真は、警視庁鑑識課の前田正雄主任技師が、犯人の顔を目撃していた、現金輸送車に乗っていた4人の日本信託銀行行員からの聞き取りをもとに作ったものとされた。

前田正雄は「モンタージュの神様」と呼ばれた伝説の技官で、もとはといえば松竹大船撮影所のスチールカメラマンだった。

前田の名を一躍有名にしたのは、1961年（昭和36年）に起きた「芦ノ湖殺人事件」である。

同年6月7日、箱根にある芦ノ湖の笹薮から死後1カ月経った白タク運転手の遺体が発見された。

だが捜査は難航し、事件は迷宮入り、捜査本部が解散した。そのあとになって、銭湯の壁に貼り続けられたモンタージュ写真を見た男が警察に届け出て、262日ぶりに犯人が検挙されたという事件。このとき犯人の宍倉慶治（当時24歳）は、「あまりにもモンタージュ写真が自分と似ているので、危ないと思っていた」と語っている。

そんな前田が手がけたのだから、この「白バイの男」もかなりの信憑性はあるはずだった。

犯行当日、東芝従業員のボーナス約3億円を積んだ日本信託銀行の現金輸送車は、府中刑務所沿いの道を走行中、ニセの白バイに停止を求められ、さらに「爆弾が仕掛けられている！」と退避を命じられた。

クルマの下から白煙が上がり（もちろん犯人が用意していたもの）、4人が慌ててキーをつけたまま逃げると、犯人は白バイを放置したまま現金輸送車を乗っ取り、そのまま猛スピードで逃走したのである。

当時、現金を強奪された4人の行員は、犯人像について次のように証言した。

関谷（運転手）……23、4歳。168センチ、やせ型、細おもて、色白、きれいな目、まゆ毛ははっきりしていた。鼻筋が通り神経質にみえた。東京弁で好男子。
中田（資金係長）……22、3歳。167センチぐらい、面長、色白、ヘルメットに黒革ジャンパー、黒ズボン、半長靴、ヘルメットにマイクがついて黒革バンドをジャンパーの上にとめていた。
高橋……23、4歳、やせ型で面長、色白、ひ弱な感じ、白ヘルにマフラー、マスクなし、革の茶色コート、同じズボン。
古川……20〜22歳ぐらい、160〜165センチ、やせ型、面長、色白、目がとてもきれい、坊ちゃん、坊ちゃんした育ちがいい感じ、言葉はていねいだった。白ヘルに黒革ジャンパー、手袋も黒革、マフラーなし、肩からバンドをつっていたような感じ。

これらの証言をもとに警視庁はモンタージュを作成。するとその効果は抜群で、モンタージュ公表後は捜査本部に寄せられる情報の9割以上が「顔写真に似ている男がいる」というものだったという。

しかし、似ている男はいても、いっこうに犯行と結びつく人物は浮上しない。逆に、モンタージュと似ていない人物は、無条件に事件と無関係と判断されるなど、この1枚の写真が捜査に与えた影響は絶大なものだった。

「モンタージュ」を疑った平塚八兵衛

事件発生から約4カ月後、このモンタージュ写真の意味と信憑性を疑問視する男が登場する。警視庁で「捜査の神様」と呼ばれた名刑事、平塚八兵衛である。徹底した緻密な捜査と厳しい取調べで知られた平塚は1963（昭和38）年に発生し、迷宮入りしかけた「吉展ちゃん誘拐殺人事件」を独自の捜査で解決に導いた実績がある。

警視庁は、事件発生から迷走を続けていた三億円事件の捜査に「切り札」とも言える平塚を投入し、打開を図ったのだった。

平塚は、警察内部でタブーとされる「ケツを洗う」捜査を始めた。つまり、これまでの捜査で明らかにされた事実関係をもう一度、調べなおす作業である。本来であれば同僚を疑う行為をしないのが警察の不文律であるが、「神様」である

「捜査の神様」と呼ばれた平塚八兵衛

平塚にモノを言える者は誰もいなかった。

平塚は、このモンタージュ写真の作成経緯を調べ直し、次のような事実関係をつかんだ。
①4人の目撃行員から証言を得ているが、実際にモンタージュ作成にかかわったのは運転手1人だけだった。しかも、目や鼻、口などの膨大な写真の中から選んだパーツを組み合わせるというモンタージュ作成に必要な作業が行われた形跡がなかった。
②事件から5日後、現役白バイ隊員の少年の息子（当時19歳）が不審な自殺を遂げており、この少年が事件への関

与を疑われていたことや、モンタージュの写真と少年の顔が酷似していることが分かった。
③現金輸送車に乗っていた日本信託銀行の行員4人は、現金を奪われた失態に対する責任感に悩まされており、警視庁の捜査員から目撃情報を聞かれても「覚えていない」と正直に答えられない心理状況にあった。
12月13日に警察の取調べに対し、4人はそれぞれ犯人の目撃情報を語ったが、その後日本信託銀行に戻った4人は「実は犯人の顔はよく見えなかった」という趣旨の報告をしていた。

そして平塚は、決定的な事実を知る。

焦った警視庁鑑識課が、前出の「モンタージュの神様」前田正雄に対し、迅速なモンタージュ作成を要請。

前田は専門家の立場から、行員たちの記憶レベルではモンタージュは作れないと抵抗した。

それでも大事件に浮き足立った捜査本部から「とにかく作れ」という声に押し切られる形で、かつて18歳のときにバタフライナイフの不法所持で逮捕され、すでに事件前年、28歳で死去していた青年I氏の写真をほぼそのまま使用し、ヘルメットをかぶせただけの写真を「事件の犯人」として出した。これが真相だったのだ。

なぜI氏の写真が選ばれたのか――考えられる理由は、当時の捜査本部が前出の「自殺した白バイ隊員の19歳の息子」を真犯人と思っていたことである。I氏と自殺した少年の顔はよく似ていた。そして、死去した人物であれば後々問題になることはないという判断もあったのだろう。

後年、モンタージュを作成した前田正雄は雑誌の取材に対しこう語っている。

「警察の悪いクセですよ。とにかく作っ

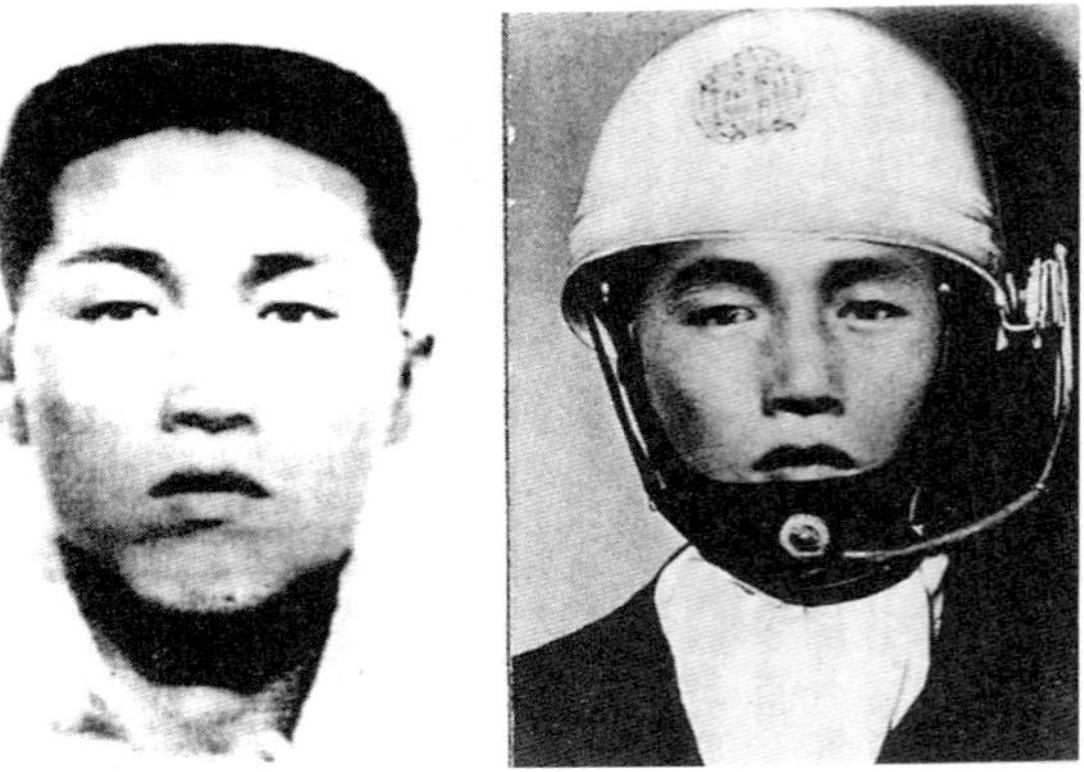

事件当時死去していたＩ氏（左）とモンタージュ写真

てくれといって」

八兵衛が語ったモンタージュの「真相」

事件が時効を迎えた後、平塚八兵衛は、このモンタージュについて詳述している。そのなかで主要な内容を紹介しよう。
〈三億のモンタの土台になった被疑者写真ってのは19歳の男だよ。府中署で窃盗かなんかでパクったんだ。福島県の出身だったな、たしか。この男はもう死んじゃっていねえよ。その顔写真にヘルメットをかぶせ、多少修正したんだろうが、そっくりだよ。〉
〈「古川さん（注＝現金輸送車に乗っていた日本信託銀行行員の1人）はノイローゼ気味になっている。それで、支店長から注意するようにいわれて、わたしが毎日、朝晩ついてるんです……」（日本信託銀行行員）
「それはいったいなんのことだよ」

なぜノイローゼ状態になったか、わからねえもんだから、オレは聞き返したよ。

なんてことはない、責任を感じすぎて神経が過敏になったのさ。事件直後に、さてモンタージュを作る段になった。

そこで、犯人に似ている写真を何万枚もみせられたわけだ。警視庁でな。

ところが、どれを見ても犯人に見えてくる。どの写真を引っ張り出していいかわからねえ。自分なりに引っ張り出すんだが、他の3人に見せると「違うよ」と一発でやられたらしい。そこで、みんなが引っ張り出すのを横目で見ながら、それに似た写真を抽出したというんだな。

さあ、そういう悩みを通勤する国電の中で同僚にもらしたという。

オレはそれを聞いて、また古川さんを呼んだよ。8月18日だった。

「あんた、犯人の顔を見てねえっていうじゃないか」

ズバリやったわけだ。そしたら、確かに見てねえという返事だ。

「ホントに見てねえのか？」

「ホントに見ていない」

「なんで、こんなことになったんだ」

オレもしつこく聞いた。

そこで、古川さんがいうには「犯人が窓ぎわから話しかけてきたとき、関谷運転手の真うしろで、腰を深くかけていたので、窓わくが邪魔になって、顔は見えなかった」

わずかに、関谷運転手とのやりとりの間に、犯人の鼻の頭だけがチラチラと見えかくれしたっていうんだ。しかも、鼻の頭の左半分だけだっていうから、念が入ってる。

「モンタージュを作ったときの調書では実にあざやかに犯人像をうたってるが、こんどはずいぶん違う証言じゃねえか」

「あれはみんな刑事さんが書いたんですよ」

オレはもうあきれかえって、こんな調子じゃモンタージュは信用できねえ、そう思ったね〉(『刑事一代　平塚八兵衛の昭和事件史』佐々木嘉信　産経新聞社編　新潮文庫)

平塚の別の告白も紹介しよう。

〈私は（昭和）44年の8月14日に、関谷さんから話を聞いて、いったん帰ってもらったわけです。そうしたら、その翌日に、支店の岡さんという当時37歳の人を、警察に連れてきたわけです。そして「この人にヘルメットをかぶせたような感じでもある」というんです。

それで「おかしいじゃないですか。ホシはずいぶん若いようなことを言ってたのに」といったわけですよ。岡さんは37歳だと言うんですから。

それでも「この人にかぶせても、感じは合いますよ」と言うんですよ。

私はその年の9月25日の係長会議で、これらの事実を根拠にして、モンタージュが違う、年齢もずれていると、発言してます。そしたら、指揮者であった木川課長代理から、銀行の人たちは、犯人がつかまらないので証言を変えてきたのだ、最初の証言が正確だと一蹴されちゃったんです〉

〈去年（昭和49年）はじめて、私はどこかのテレビで、モンタージュがだめだということを1回言ったんです。これは上司に何も相談しないで、やっちゃったんだよな。

そうしたら、去年の12月13日に、中田さん（注＝現金輸送車に乗っていた資金係長）が2年ぶりに本部へあらわれたんですよね。私は、私がモンタージュが違うということをテレビを通じてしゃべったから、抗議にきたと思って、実際緊張したんだよ。それで「中田さん、今日はなんですか」と言ったら「ごぶさたしました」と言いながら椅子に座って「実はほっとしたんですよ」と、こういう言葉なんだ。

何だい、ほっとしたというのはと言ったら「平塚さんからモンタージュが違っているという発表をしてもらって、ほっとしたんです。実際、あれには自信はないし、自分たちもいつかは、違っていると言おう言おうと思いながら、雰囲気で言えなかったんです」と、こういう言葉だったんですね。

それでぼくが「あんたの顔を見たとき、これは抗議にきたんじゃないかと思って、私は緊張しましたよ」と言ったら「いや、犯人の顔にホクロがあったとか傷があったとか言ったって、もしあっても私らはきづいていません」と言うんです。「じゃあ、どうしてこういうモンタージュができたんですかね」と言ったら「私が作ったわけじゃないですよ」と、こう言うんだ。

(中略) 中田さんが言うには「翌日になって、刑事さんがモンタージュを持ってきたから、これは感じが違うということを、私は申し上げてる。そのとき、関谷運転手も同席して、ここを修正してくれ、あそこを修正してくれということを言っておった。それで、修正しますと言って持って帰ったから、当然してくれるんだと思ったら、翌日の朝、そのままモンタージュ写真として新聞に発表になった。それで、その新聞を4人で持ち合って、どうしようということまで話し合ってる。これが真相ですよ」と〉(『3億円事件　ホシはこんなやつだ』平塚八兵衛著　みんと社)

平塚の説明には多分のエクスキューズが含まれているが、それでもこの「モンタージュ」こそが、初動捜査の間違いの最たるものであったという指摘は、一般市民の感覚からしても頷ける部分がある。

50年前の情報環境では、警察が発表したモンタージュ写真の信頼度は絶大で、まさかこんなにずさんな「作品」が公表されているとは夢にも思わなかったはずだからだ。

結局、あの三億円事件で「モンタージュに似ている」という情報には、さしたる意味がなかった。しかし「1億人を騙した顔」はいまも、鮮やかな記憶となって多くの国民の脳裏に刻まれている。

File.3

週刊誌「全盛時代」のスクープ戦争秘話

「500万円」の値がついたルバング島残留日本兵「小野田寛郎さん」手記争奪戦

文・山本皓一（報道写真家）

日本中を驚かせた残留日本兵「小野田寛郎さん」の帰国劇。終戦後もジャングルのなかでサバイバル生活を続けた男の数奇な人生をめぐって、凄まじい「報道合戦」が繰り広げられた。当時大手週刊誌に所属したカメラマンが語る、もうひとつの「戦闘」。

あれは忘れもしない、1974（昭和49）年2月27日のことだった。

当時、『週刊ポスト』（小学館）の新米カメラマンとして働いていた私は、いつものように午前中、編集部に顔を出すと、デスクが真剣な表情で切り出した。

「ヤマちゃん、これ見たか？」

手渡された読売新聞の1面には、「小野田元少尉を確認」という大見出しが打たれていた。

「パスポートあるよな？　すぐにフィリピンへ飛んでくれ。今日の飛行機で」

フィリピンのジャングルに、生き残った日本兵「小野田少尉」が出没するという噂は以前からあったが、ついにその本人が確認されたというのである。

記事によれば、小野田さんと接触したのは「スズキ・ノリオ」なる日本人で、その情報確度は高く、厚生省（現・厚生労働省）も援護局審査課長らを現地に派遣するとある。これはどうも本物らしい。

もとより、業務命令は絶対だ。私は大学を卒業後、半年間アメリカに留学していた経験があり、編集部では何となく語学ができる、海外取材に強いとカン違いされていた。

だから今回もお鉢が回ってきたというわけだが、当時の私は結婚してまだ数週間という時期。さすがに新婚の妻には連絡しなければならないが、あいにく2人で暮らすアパートにはまだ電話を引いていなかった。

「頼む、急に海外取材になったと家に連絡をしておいてくれないか」

私が同期の同僚に頼むと、彼はこう言ってくれた。

「心配するな。電報を打っておく。安心して行ってきてくれ」

その言葉を聞いた私は、多少の後ろめたさを感じつつもひとり羽田空港に向かい、夕方には機上の人となった。

ちなみにこの同僚が大事な電報を打つのを忘れたことを知ったのは、後になってからのことだ。数日たっても家に帰らない私を心配して、妻が編集部に電話したところ、「ヤマちゃんならフィリピンにいるけど……」との返事。

新婚生活は早々に破綻してしまったが、私はその日のうちにマニラに到着。

「小野田さん」についての情報収集を開始した。

帰国を果たしていた「横井庄一さん」

終戦から30年近くが経過してなお、海外の戦地に置き去りにされた「残留日本兵」がいる――そのことは、戦争の悲劇を端的に伝えるニュースとして、国内メディアにも大きく取り上げられた。

小野田さんに先立って、1972（昭和47）年2月に「帰国」を果たしたのがグアム島のジャングルで28年間、潜伏生活を送った横井庄一さん（1997年、82歳で死去）である。

帰国後、横井さんが語った「恥ずかしながら帰って参りました」（実際は「恥ずかしながら生きながらえておりましたけど」）という言葉は流行語にもなったが、小野田さんの「発見」は、ある意味で横井さん以上の注目を集めた。

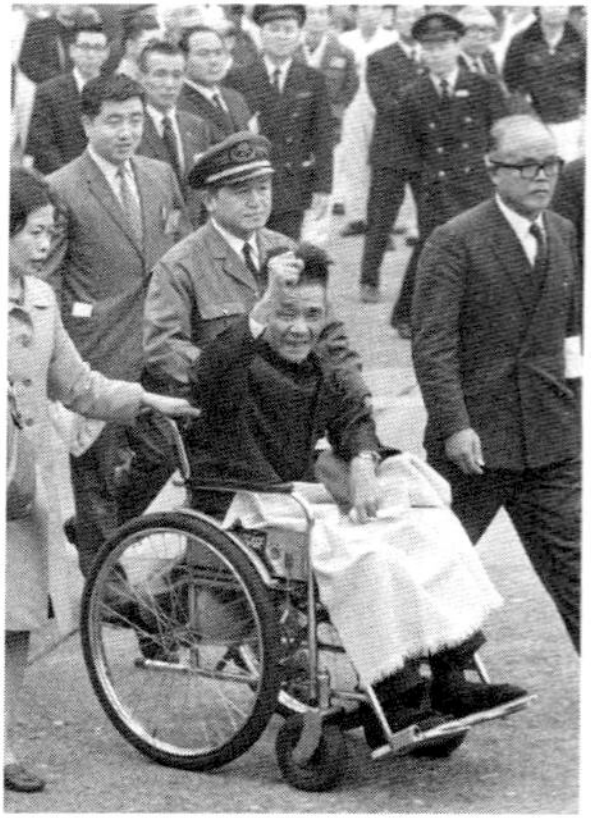

1972年に帰国した横井庄一さん

その理由のひとつは、まず小野田さんが「生きている」という説は戦後ずっと囁かれており、過去3度にわたって大々的な捜索活動が行なわれたにもかかわらず、ついに発見されなかったという経緯がある。

ミステリアスな伝説となった「小野田さん」をついに確認したとなれば、

人々の興味はいやがおうにも高まるのは当然である。

そしてもう一つの理由は、小野田少尉があの「陸軍中野学校」の出身で、軍人としてはかなりのエリートであり（横井さんは伍長だった）、戦後30年近い年月をただ潜伏して過ごしていたのではなく「戦争継続を信じ闘い続けていた」と思われる情報が伝わっていたからだ。

ルバング島に元日本兵が生存しているらしいという情報が初めて公式に伝えられたのは実に1952（昭和27）年のことだった。

このときは「元日本兵がフィリピン市民1人を殺した」とする内容で、フィリピン政府がビラをまいて投降を呼びかけ、捜索したがそれらしき日本兵は見つからなかった。

日本政府は1954（昭和29）年5月に投降説得団を派遣。厚生省職員や小野田さんの長兄の敏郎氏、小野田さんとともに生存していると見られた小塚金七元一等兵（＝1972年10月にフィリピン警察との銃撃戦で死去）の実弟らが現地入りし、捜索活動に当たったが手がかりは得られなかった。

それから5年後の1959（昭和34）年にも大々的な捜索が行われたが、ここでも小野田さんは発見されず、厚生省援護局は小野田、小塚の2名について「死亡広報」を出した。

ところがさらに13年後の1972（昭和47）年10月、フィリピンの現地警察隊と小野田、小塚が遭遇し、小塚が射殺されるという事件が発生する。

山中に逃げた小野田さんを捜索するため、政府は過去最大級の捜索隊を結成。メディアも現地入りし、当時『週刊ポスト』からも日名子暁氏（ルポライター＝故人）が何度もフィリピンに送り込まれた。ちなみに彼はこれがきっかけでその後「フィリピン通」となっていくのである。

投降を求める何千枚ものビラを投下、小野田さんの両親や戦友なども参加しての捜索活動も虚しく、ここでも小野田さんは見つからなかった。

この膠着状況を打破したのが日本人の冒険青年・鈴木紀夫（当時24歳）だった。世界を旅するバックパッカーだった鈴木は、小野田さん生存説を聞いて興味を持ち、1人でルバング島に入り、政府があれだけ捜索しても見つけられなかった小野田さんと接触することに成功した。

元情報将校だけあって、終戦を伝え投降を呼びかける類のビラを一切信用しなかった小野田さんだったが、一介の冒険青年だった鈴木のことは信頼し、投降を決意したのである。

独占手記の獲得予算は「300万円まで」

マニラ入りしてからの私は、フィリピン政府が日本メディアの勝手なルバング島渡航を禁止していたこともあって、小野田さんが正式に投降するのを待つことにした。

その間、現地に派遣されている厚生省の担当者が1日1回レクチャーする情報や、フィリピン国内で報道されている情報などを国際電話で伝えたり、急いでいるときはマニラの空港に行き、日本に帰国する邦人に未現像のフィルムを預け、羽田で待ち受ける編集部員に渡してもらったりもした。

現地には多くの報道陣が詰め掛けていたが、そのほとんどは新聞・テレビ・通信社のいわゆる記者クラブ加盟社だった。

3月10日、51歳の小野田さんは上官だった谷口義美元少佐（当時63歳）から「投降命令」を受ける形でジャングルから下山。私たち報道陣もヘリでルバング島に入り、敬礼する小野田さんをはじめて見た。その眼光は鋭く、終わりなき戦いを続けた軍人の顔そのものだった。

小野田さんはその後、マルコス大統領（当時）と面会し、長年肌身離さず持っていた軍刀を返還。特別機で日本へ帰国する運びとなった。

3月12日、日本に帰国した小野田さんを待ち構えていたものは、怒涛の取材攻勢だった。羽田空港に戻った小野田さんを特集したNHKの報道番組は45・4％の視聴率を記録。国民の関心の高さを証明した。

小野田さんは帰国してすぐ、あの横井庄一さんもそうしたように、新宿区の国立東京第一病院に入院し、健康診断を受けることになっていた。もちろん、小野田さんのクルマを無数のメディアが追い掛けたことは言うまでもない。

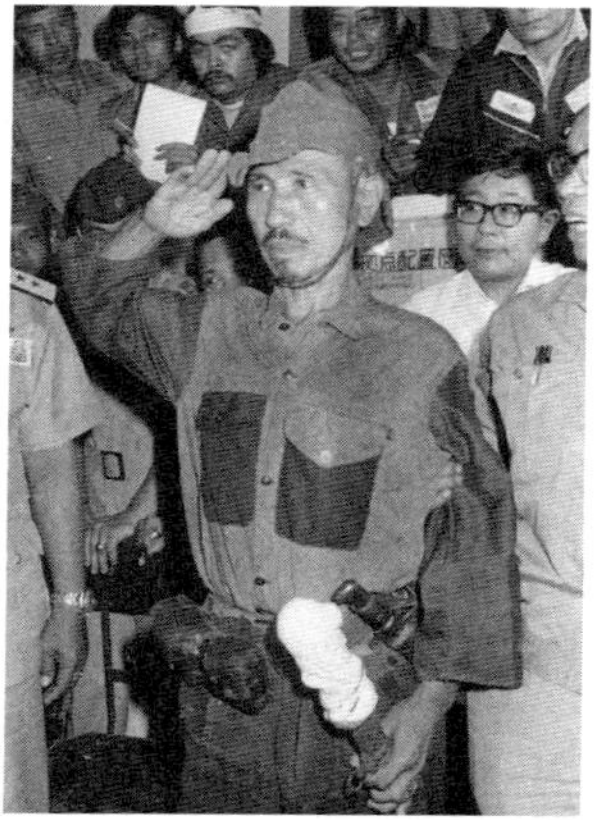

ついに「投降」した小野田元少尉

このとき、私は小野田さんの次兄、格郎《ただお》さんと知り合った。

格郎さんはブラジルで農園を経営しており、小野田さんの帰国にあわせブラジルから日本に戻っていたのだった。私も当時、ブラジルという国に興味を持っていたこともあって、アマゾンの話などをするうちにうまく意気投合することができた。

私にはひとつの大きなミッションがあった。それが小野田さんの「手記獲得」である。

当時、『ポスト』の編集長からはこう言われていた。

「300万円までは、君の一存でOKを出していい。何としてでも小野田さんの手記はウチでやりたい」

当然、私も手記は獲得したいと思っていた。なにしろ30年近くジャングルで生活していた人物である。

どこで食らし、何を食べていたのか。何を信じ、戦争についてどう思っているのか。聞きたいことはいくらでもあった。独占手記が取れれば、大反響を呼ぶことは分かりきっていた。

私は格郎さんと早く話をまとめたいと思い、小細工をせずに300万円という金額をストレートに話した。

「新聞のインタビューは仕方がありません。ただ、雑誌でやる分にはぜひとも『ポスト』でお願いできないでしょうか」

確か、当時の私の月給が6万円ほどだったから、300万円といえばいまでい

う と1000万円ぐらいの感覚だ。当時の『ポスト』はまだ創刊（1969年）して日が浅かったものの、売れ行きは右肩上がりで、予算はふんだんにあった。

手記について、はっきりと確約を得たわけではなかったが、私はその時点で雑誌の人間として格郎さんにもっとも食い込んでいたし、金額的にも自信はあったので、きっと格郎さんが小野田さん本人に話をしてくれると思っていた。

ところがここから思いがけない展開が待っていた。

病室のドアの下から『現代』の名刺

病院を退院した小野田さんは、郷里の和歌山県に帰郷することになった。もちろん、小野田さんの帰国は日本中の耳目を集めており、その動向を逐一報道すべく、多くの報道陣が和歌山入りした。

私も和歌山へ向かったが、すでに帰国した以上、なるべく早く小野田さんのインタビューをしたいという気持ちが強かった。

そんなとき、すでに打ち解けた仲になっていた格郎さんが、和歌山県の実家前に張り込んでいた私を見つけ、呼んだ。

「山本さん、ちょっと話があるんだが……」

ついにインタビューをセットしてくれたのかと思い喜んだが、格郎さんの口から出たのは予想もしなかった意外な言葉だった。

「言いにくい話なんだが、寛郎が東京で入院しているとき、病室のドアのスキ間から、『手記500万円也』という編集長の名刺が差し込まれていたんだ」

私は慌てて聞いた。

「なんていう雑誌ですか？」

「『週刊現代』と書いてあった」

私は頭を抱えた。

いまでもそうだが、『週刊現代』は『週刊ポスト』のいちばんのライバルだ。それにしても500万円とは……。当時の『週刊現代』編集長は、後に『日刊ゲンダイ』を創刊する川鍋孝文氏。週刊誌最強チームと言われた「川鍋軍団」は、『ポスト』にとって常に厚い壁だった。

格郎さんはこう続けた。

「当面の生活に問題はないが、寛郎にはこれから長い人生がある。しかし弟には財産もないし、やはり生きていくにはお金が必要になるだろう」

私はその場で編集長に電話を入れた。

「小野田さんの件ですが、現代は５００万円出すと言っているようです。どうしますか」

「電話を切らずにちょっと待ってくれ」

そのまま1、2分は待っただろうか。編集長の声は残念そうだった。

「ウチは降りる。さすがに５００は無理だ」

私はそのやりとりを正直に格郎さんに伝えた。

それまで格郎さんといろいろな話をしてきて、格郎さんがメディアを相手に「商売」できる人間でないことはよく分かっていたし、ジャングルの中から出てきた弟を何とか守ってやりたいという一心からの「申し出」だったことは理解できたからだ。

「残念ながらウチでは金額的に『現代』より出すことはできませんが、どうか気にしないで下さい」

そう言うと、格郎さんはこう言うのだ。

「山本さん、ありがとう。それはそうと、明日の夜明けごろ、裏の神社の階段に行ったら、面白いものが見られると思うよ……」

明け方に「神社の階段」で小野田さんを取材

あくる日の朝、格郎さんに言われたとおり、私はまだ薄暗いうちから小野田さんの実家裏手にある神社の階段で待っていた。

3月とはいえ、まだ朝晩の冷え込みが厳しく、吐く息は白かった。階段の真下には、小野田さんの実家が見える。実家の表門には、車内で寝泊りを続ける報道陣の車がずらりと並んでいた。

すると不意に、小野田さんの家の窓が開き、なかから男が外に飛び降りるのが見えた。その軽い身のこなしは小野田さん本人に間違いなかった。

小野田さんは1分ほど、じっとしゃがんだままの姿勢を保っていたが、次に懐から草履を取り出すと、それをはいて神社の階段を駆け上がってきたのである。

「小野田さん、山本です」

待ち構えていた私を見ると、小野田さんは「見つかってしまったか」といった照れ笑いを浮かべた。

30年近く密林生活を送っていた小野田さんは、落ち着いて室内で寝ることができないため、報道陣の目に付かないようこうして外に脱出していたのである。

いま思えば、これは兄・格郎さんの、せめてもの「仁義」だったのだろう。一度は『ポスト』の取材を受ける方針を決めながら、金額で『現代』を選ばざるを得なかった。そのかわり、『ポスト』にも話を聞くチャンスを教えてくれたというわけである。

私はその場で1時間ほど小野田さんに話を聞き、写真も撮影することができた。しっかり話すのは初めてだったが、すでにルバング島で顔見知りになっている。

取材はスムーズに進んだ。小野田さん自身は、『現代』と『ポスト』の間で手記争奪戦が起きていることや、金額まで提示されていることなど一切、知らなかっただろう。

「1本、どうですか?」

私は小野田さんにタバコをすすめた。

小野田さんはそれを受け取ると、しゃがんで火をつけ、こう言った。

「こうやるんだ」

タバコの火を手で隠した小野田さん（写真＝山本皓一）

小野田さんは、タバコが外側から見えないように両手で完全に覆い隠した。周囲はまだ明け方で薄暗い。

「この火は1キロ先からでも見える。だからタバコは必ず隠さなくてはいけないんです」

小野田さんは私に、ルバング島で3人、現地の人間を殺したと語った。もちろん当時、そのことは原稿に書かなかった。小野田さんは、上官の命令に決して背くことなく、30年間戦い抜いた英雄となっていたからである。

もっとも、人数はともかくとして、小野田さんが生きるための戦闘で「敵」を死傷させたことは後に明らかになっている。

川鍋編集長が認めた「500万円」の提示

「500万円」という大金で手記をさらった『週刊現代』。実はこの金額について、私は格郎さんからそういった金額を聞いた記憶があるだけで、本当にそうだったかを『現代』の関係者に確かめていたわけではなかった。

穿った見方をすれば、格郎さんが値段を吊り上げるために私に言った金額に過

小野田さんを発見した青年・鈴木紀夫（左）

ぎない可能性もあるわけだが、私はいまでもそれはないと思っている。

というのも、実は2005（平成17）年末、私は月刊誌『宝島』の取材で当の川鍋孝文氏（当時日刊現代社長）に取材する機会があり、この500万円の件を直接当てたところ、本人が認めたからである。川鍋氏は2015（平成27）年、79歳で死去しているが、この話は記事にも残っていたので間違いないだろう。

500万円の件でもうひとつ言えば、『ポスト』は小野田さんの発見者である鈴木紀夫の「手記」も『現代』に持っていかれていた。

この鈴木インタビューもまた、小野

田さん本人の手記と並んでマスコミが争奪戦を繰り広げた取材のひとつだった。

戦後、日本政府があれほど捜索しても出てこなかった小野田さんをなぜ発見することができたのか。冒険青年の「大スクープ物語」は、記者としても真っ先に聞きたい話であった。

鈴木青年は帰国後、『ポスト』を含め断片的には多くのメディアの取材を受けていたが、当時「国際事件記者」の肩書きで活躍していたジャーナリスト、大森実氏（故人）を起用し、鈴木の本格的なロングインタビューをモノにしたのはやはり『週刊現代』だった。

私は最近、川鍋編集長の懐刀として当時『週刊現代』で小野田さんを取材していた下桐治氏（現・日刊現代相談役）と話をしたところ、鈴木紀夫の手記は100万円で『週刊現代』が〝落札〟したことが分かった。

下桐氏本人が直接、名刺に「100万円也」と書いて鈴木紀夫に渡したというのだから間違いない。

悔しいが、小野田さんの取材では『ポスト』の完敗と認めざるを得なかった。

小野田さんの手記を全否定した『ポスト』

その後、『週刊現代』は小野田さんに殺到するマスコミから彼を守るため（というより他社に取材をさせないようにするため）、講談社が所有していた伊東の保養所に囲い込んで「手記」の取材を始めていた。

ここで、私にとってはやっかいな問題が起きる。『週刊ポスト』はライバルの講談社に手記を持っていかれた悔しさから、小野田さんのインタビュー内容を批判するスタンスを打ち出したのだ。

何ともえげつないやり方と言えばそうだが、何週にもわたって続く敵のスクープ手記を、ただ指をくわえて見ているわけにはいかなかったのだろう。

『週刊現代』は満を持して5月9日号から独占手記「戦った、生きた　初めて綴るルバング島30年の全記録」をスタートさせた。

対する『週刊ポスト』5月10日号のタイトルは次のような具合だ。


〈小野田寛郎元少尉の英雄部分を全否定する〉

小野田さんをヒーロー視するのは間違っているという大義名分はあるものの、もし『ポスト』が小野田さんの手記を獲得できていたら、この論調が出てこなかったことだけは間違いない。

方針を決めたのはもちろん編集長以下の幹部だが、小野田さんや格郎さんにとって『週刊ポスト』といえば、この取材に最初から関わっており、小野田さん本人にも話を聞いている私のことである。

しかも私がルバング島や故郷の和歌山で撮影した写真も、この「全否定」の記事に使われてしまっている。

編集部で仕事をしている以上、仕方のない話だが、小野田さんにとっては裏切られた気持ちだっただろう。

『週刊現代』の手記連載が始まって何週間かしたとき、小野田さんがテレビ出演したことがあった。

私は偶然、その番組を見ていたのだが、そこで小野田さんが他の出演者からこんな質問を受けた。

「あなたは『週刊現代』で手記を発表しているが、一方の『週刊ポスト』にはそれを否定するかのような内容が掲載されている。いったいどっちが本当なのか」

すると小野田さんが憤慨した様子でこう答えたのである。

「あの（ポストの）野郎、今度会ったら絶対に許さない！　叩き斬ってやる！」

〝あの野郎〟とは間違いなく私のことだった。まさに板挟みとはこのことだったが、私はそれ以降、小野田さんの取材は不可能になってしまったのである。不可抗力だったとはいえ、苦い思い出だ。

雪山で消息を絶った「鈴木紀夫」の悲運

その後、小野田さんは手記をまとめた著書（『わがルバン島の30年戦争』講談社）がベストセラーとなったものの、その後、兄の格郎さんが住むブラジルに移住。帰国後に結婚した妻とともに現地で牧場経営をはじめた。

狭い日本ではなく、雄大な自然に囲まれたブラジルが小野田さんには合っていたのだろう。日本とブラジルを行き来する生活を送りながら２０１４（平成26）年、小野田さんは波乱の生涯を閉じた。91歳の「大往生」だった。

小野田さん発見で名を売った鈴木紀夫はその後、「雪男」を探しにヒマラヤへ出かけるようになる。そして1986（昭和61）年、ダウラギリのベースキャンプで遭難。翌年、遺体で発見された。37歳の若さだった。

いま、小野田さん帰国当時のことを思い起こすと、つくづく現在と比べ、活字メディアに勢いがあったことを痛感する。

当時、あれだけの金額を躊躇なく提示した『週刊現代』も、さすがにいまはそうもいかないだろうし、それは他の週刊誌にも言えることだ。

時代の流れと言ってしまえばそれまでだが、私はいま、雑誌がもっともダイナミズムに満ちていた時代に仕事をすることができた幸運に感謝している。

2014（平成26）年3月、靖国神社の啓照館において、生前の小野田さんを偲ぶ「お別れの会」が開かれた。

私はそこに参列し、あのときの「誤解」について心のなかで詫びつつ、静かに手を合わせた。

帰国後、表情が柔和になった小野田さん（写真＝山本皓一）

File.4

マスコミの目の前で「惨劇」が発生

「豊田商事」会長刺殺事件 目撃記者が語った「緊迫の30分」

世間を震撼させた豊田商事会長殺人事件。多くの報道陣が取り囲むマンション一室で「事件」は起きた。「なぜ、事件を防ぐことはできなかったのか」――事件を目の前で目撃した放送記者がいま、告白する。

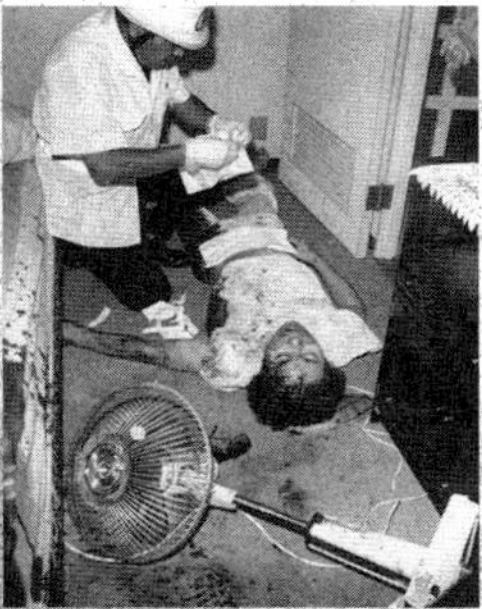

戦後最大級の詐欺事件「首謀者」

1985(昭和60)年に起きた記憶に残る数々のできごとのなかに入っても、その衝撃性においては1、2を争う事件があった。それが「豊田商事」永野一男会長刺殺事件である。

全国の高齢者などから多額の現金を巻き上げていた「豊田商事」。その悪徳商法が社会問題化していた矢先、永野会長は暴漢2人に襲撃され、32歳の若さで命を落とした。

被害総額約2000億円という戦後最大級の詐欺事件は、暴力の発動という形でひとつの区切りを迎えたのである。

この殺人事件が人々の記憶に残ることになったのは、何十人もの報道陣が現場マンションを取り囲む形で待機しながら、白昼堂々と凶行が実行され、しかもそのショッキングな映像がお茶の間に放送されたことにあった。

当時の映像はいまでも動画サイトなどで確認できるが、いまの基準ではとうていNGと思われる生々しいシーンが、そのまま放送されている。

「あの事件後、ずっと質問され続けてきたことは、なぜあのとき現場の報道陣が殺人を止めなかったのか、ということでした」

そう語るのは、元・毎日放送（ＭＢＳ）報道局記者の西村秀樹氏である。

西村氏は事件が発生した１９８５（昭和60）年6月18日、大阪府警記者クラブ捜査二課担当として、現場となったマンションの一室前に待機し、その一部始終を目撃した。

「私たちマスコミが殺人を止めずに傍観していた、というのは大きな誤解なのですが、いまも多くの方々にはそう思われているようです」

あの日、何が起きたのか。西村氏の証言をもとに事件の経緯を辿ってみる。

一攫千金を夢見て「豊田商事」を設立

永野一男が豊田商事の前身である「大阪豊田商事」を設立したのは１９８１（昭和56）年、永野が28歳のときだった。

岐阜県に生まれ、中学卒業後に集団就職した後、職を転々としてきた永野は１９７１（昭和46）年、名古屋の不動産会社につとめ、このころから「一攫千金」の野望を強く持つようになったと言われる。

商品先物取引会社、ダイヤモンドの訪問販売会社に勤め、1978（昭和53）年にはゲーム機器のリース会社「名東商事」を設立。「濡れ手で粟」のビジネスを追い求めていた。

1981（昭和56）年に設立した前述の「大阪豊田商事」も、最初から「虚業」が狙いだった。その社名には、トヨタ自動車の系列企業と誤認させ、顧客を信用させる目的があった。

永野が編み出した商法は、いわゆる「現物まがい商法」の発展形だった。

大量のテレホンアポインターを使って投資に興味のありそうな人間を探し出し、営業マンが地金を購入するようすすめる。

契約を結んでも地金の現物は顧客に渡さず、かわりに「純金ファミリー契約証券」なる証券を渡し、全国のお年寄りから多額の現金を集めていた。

しかし、強引な集金活動が社会問題化し、1985（昭和60）年4月には豊田商事の関連会社社員が逮捕され、メディアも「悪徳商法」を大きく取り上げるようになった。

そして豊田商事トップの永野一男会長に「捜査のメス」が入ったのは同年6月

17日のことだった。

豊田商事が台湾の現地法人に5000万円の小切手を不正に持ち出していた外為法違反事件を捜査していた兵庫県警はこの日、大阪市北区の永野会長の自宅マンションを訪れ、家宅捜索するとともに約4時間にわたり事情聴取を行った。

メディアは「永野の逮捕近し」という情報をキャッチし、その日の夜には新聞、テレビ、通信社の記者など約30人が永野の自宅マンション前に集結した。

当時の全国紙は、兵庫県警が永野宅をガサ入れした記事で、わざわざ永野の自宅マンション名まで報道。容易に自宅の場所が知れたために、記者クラブに属さない写真週刊誌の記者まで、東京から駆けつけていた。

前出の西村氏が語る。

「私はその日、山中で女性のバラバラ遺体が発見された事件の取材で深夜まで取材しており、翌日の18日午前10時ごろ、徹夜で張り込んでいた同僚と入れ替わる形で永野のマンション前に張り付いていたのです」

西村氏は1975（昭和50）年、毎日放送に入社。当時2度目の大阪府警記者クラブ担当で、当日現場にいた放送各社の記者のなかでは、もっとも長く事件取材のキャリアを持っていた。

「逮捕があると言われてはいましたが、夕方まではこれといった動きはなく、現場にもそれほど緊張感はありませんでした」

と西村氏が語る。

「あのとき大阪府警が24時間体制で警察官を現場に貼り付けておけば、あんな事件は起きなかったと思います。永野会長の部屋の前には豊田商事が雇った民間のガードマンがいましたが、結果的には何の役にも立ちませんでしたからね」

現場にやってきた2人の「怪しい男」

午後4時25分ごろ、永野のマンション前に男が2人、唐突に出現した。

マンションの5階に、用もない一般人がやってくるはずがない。西村氏は反射的に男にマイクを向けた。

「何をしにいらしたのですか」

ごま塩頭で薄茶色のブレザーを着た男A（当時56歳）が答えた。

「会いにきたのよ」

「誰に？」

「永野によ、こいつの言い分も聞かにゃならんからなあ。被害者を6人ばかり面倒を見てきた。（永野会長を）殺すよう頼まれた」

Aは酒臭かった。Aの後ろにはパンチパーマで髭面の男B（当時30歳）もいたが、この時点でAの話を真に受ける報道陣はいなかったし、110番もしていない。

Aはフラフラと永野会長の部屋の前まで歩いていくと、別の社の記者にこう言った。

「ここやな。あいつとこは。もう金いらんから殺したろ思うとる。87歳のオッサンつかまえて、870万もとって……」

1時間前、大阪・天満署南森町派出所の警官が巡回に来たが、いまはもう現場に警察官はいない。

さらに別の報道陣がAに質問する。

「どういうお仕事なんですか？」

「私？　鉄工所。名前なんかどうでもいい」

Aはドアの前にいたガードマンに語りかけた。

「お前ら、なんでこんな奴のガードをしてる。永野に会いにきたんや。開けんかい！」

するとガードマンは「電話をする」と階下に下りていってしまった。

Aは、ドアの前にあった救急箱を見つけると、それを高くかかげ、中身を廊下にばら撒いて見せた。しかしそれも、正義感ぶった自称右翼のパフォーマンスにしか見えなかった。

「もうここらでこいつらも引き上げるかな……」

報道陣が内心、そんな思いでいたところ、Aは引き上げるどころか、報道陣が脚立代わりにしていたパイプ椅子を取り上げると、猛烈な勢いで鉄製のマンションドアを「ガーン、ガーン」と何度も叩き始めた。

「ここで、もはや普通の事態じゃないと思ったのです」

と西村氏が語る。

「後から分かったことですが、Bは黒カバンのなかに、刃渡り40センチはあろうかという軍刀のような凶器を隠し持っていた。しかしまさか、彼らが部屋のなかに入ることができるとは思いませんでした」

ここで報道陣は信じられないシーンを目にすることになる。Bがドア横のガラス窓に装着されていた防犯格子に手をかけ引っ張ると、実にあっけなくそれが外れてしまったのだ。

Bはここで凶器を取り出すと、あっという間に窓ガラスを叩き割り、室内に入っていった。そしてAもそれに続く。

窓ガラスが割られた時点で、カメラマンからは「これはまずい」「止めなきゃ」という声が上がった。しかし2人の動きは素早く、報道陣は侵入を「阻止」するタイミングを完全に失ってしまっていた。

「私はすぐに小型無線機で、会社（毎日放送）に〝永野のマンションに男2人が乱入〟と伝えた後、2軒隣の部屋のチャイムを鳴らし『すぐに警察に110番、お願いします』と要請しました。ただ、これは後から分かったことですが、記録によると私が要請した家からの110番通報はなかったということでした。私はそのとき永野の部屋の前を離れていたので、部屋のなかからどういう音がしたか、あるいは声が聞こえたかということについては、何も分か

永野会長の部屋のマンションドアをイスで叩く男とそれを取り囲むテレビカメラ

りません」（西村氏）
永野会長が住んでいたマンションは、特別広いわけでもなく、暴漢の侵入を簡単に許してしまったことからも分かるように、セキュリティも低い、ごく普通のマンションだった。
あれだけの大金を集め、高級スーパーカーを乗り回していたことで知られる永野会長の「自宅」としてはあまりに違和感があるが、実際このマンションは「本宅」ではなく、身を隠すための隠れ家のひとつだった。
しかし最後の潜伏先を間違えたことが、永野会長にとって文字通り「命取り」になるのである。

エレベーター内で犯人にインタビュー

暴漢AとBが永野会長宅の前に出現したのが午後4時25分ごろ。

その後、窓ガラスを破って部屋に侵入するまでに15分ほどの時間があり、男たちが「室内」で凶行に及んだのは数分間だった。

西村氏が語る。

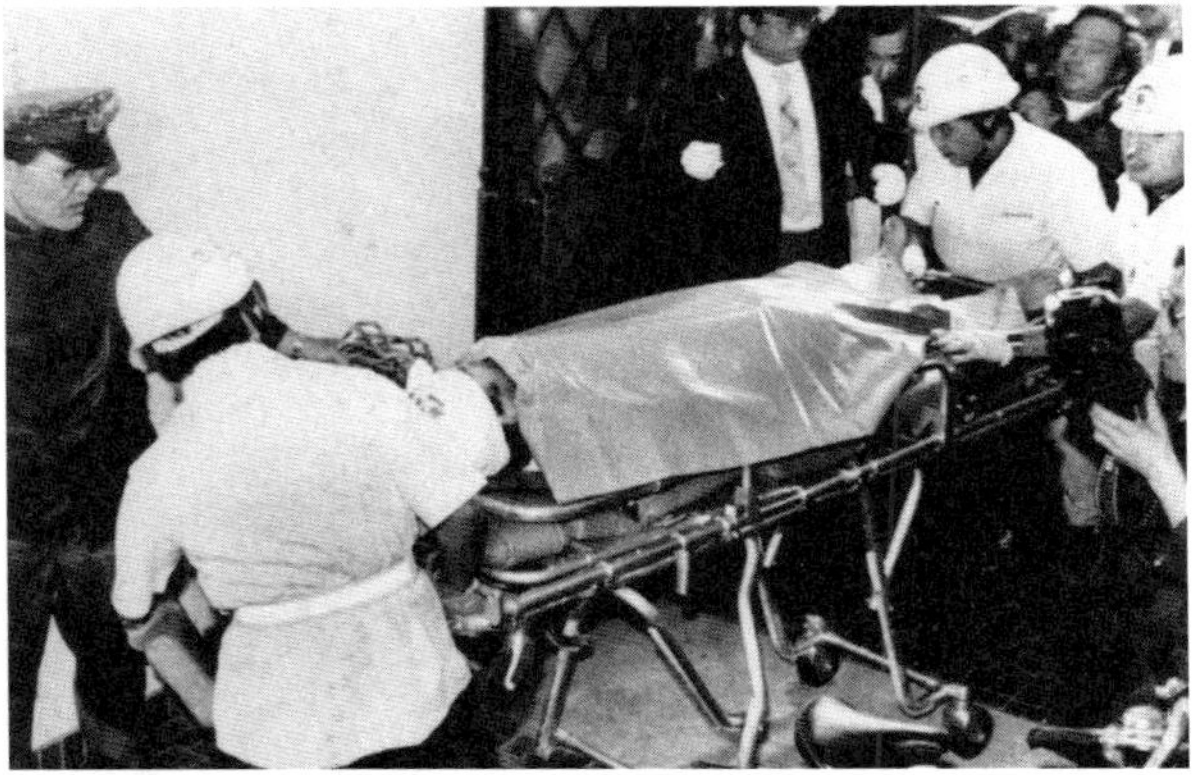

すぐさま病院に搬送された永野会長だったがすでに息絶えていた

「この間、部屋に入ったメディアの人間は誰もいません。だから室内で殺害された様子を目撃している記者は誰もいないのです。割られた窓ガラスの内側にはカーテンがあって、そのままでは部屋の内部も見えなかった。しかし一部のテレビカメラ、スチールカメラがカーテン越しにレンズを入れて室内を撮影した。このとき、永野会長は窓の下の至近距離の位置に引きずり出されており、いくつかの写真や映像にその姿が映っていたのはそのためです」

マンション住民に「警察への通報依頼」を済ませた西村氏が再び現場に戻ると、部屋のなかから、血のついた凶器を持ったBが出てきた。ごった返す現場は混乱状態に陥り、「やった」「刺した」「警察を呼べ」という言葉が飛び交った。

そして次にAも廊下に出て、エレベーターに乗り込んだ。

「私はこのとき、Bには近づきませんでした。興奮した状態で凶器を持っているため危ないと思ったからです。凶器を持っていなかったAを追いかけ、一緒にエレベーターのなかに乗り込みました。このときエレベーター内にはAと私を含め毎日放送のクルーが3人、それから別の在阪テレビ局のクルーも3人、乗り込んでいたと思います」（西村氏）

西村氏はAにマイクを向けた。

「名前は？　目的は？」

だが男はあいまいな返事に終始し、はっきりと答えなかった。

エレベーターが到着したマンション玄関前にはすでに通報でかけつけた警察官がいた。

AとBは現行犯逮捕され、そのままパトカーで天満署に直行。続いて救急車がかけつけ、血まみれの永野会長が病院へ搬送されていった。しかし、頭部に致命傷を負った永野会長は、すでに息絶えていた。

視聴者から噴出したマスコミへの批判

「永野会長死す」の一報で、テレビ局は緊急報道番組に突入していく。毎日放送の「特番」は午後5時15分から始まった。暴漢が現場に姿を現してから約50分後のことである。

「私は現場から、起きていることをそのままリポートした。しかし、放送直後から『なんでマスコミがこんなに集まっているのに、目の前の殺人事件を止めなかったんだ』という視聴者からの抗議の電話が殺到していたのです」（西村氏）

視聴者は、番組の冒頭で「永野会長が刺殺される」という事実を知ったうえで、ショッキングな映像を見ている。

だが実際に現場にいた記者らは、男たちが凶器を持っていることは知らなかったし、また永野会長の室内で何が起こっているかも、暴漢が凶器を手に室内から出てくるまでは分からなかった。

カーテン越しにカメラを入れたら、たまたま内部の写真や映像が撮れてしまった。だがそれを見た視聴者は「なぜ目前の殺人を看過したのか」と疑問に思う。

そこには一種の「錯覚」があった。

また窓ガラスを割って暴漢が侵入した時点で、西村氏をはじめ多くの記者がそれぞれの手段で警察に通報（当時は携帯電話がなく、その場から110番できなかった）する努力はしていた。

「これも結果論になりますが、後日、大阪府警の刑事に言われましたよ。『もしあのとき、暴漢が窓ガラスを割って部屋に入る前に、体を張ってそれを止めていたら、西村さん、あんた民間表彰ものだったね』と。確かに、逮捕というのは警察官や検察官だけではなく、現行犯の場合は私人によってもできると刑事訴訟法には定められている。自分の判断で、暴漢を取り押さえていれば、その後の歴史も変わっていたでしょう。ただあのとき実際にそれをやるのは誰でも難しかったと思います」

なぜ、暴漢の侵入を止められなかったのか。西村氏は、それについての「伏線」を語る。

「実はあの事件の日の数日前、大阪府警が豊田商事の新大阪支店にガサ入れをしたんです。そのとき、あるテレビ局と豊田商事社員が、取材方法をめぐって接触し、ちょっとしたトラブルになったんですね。その話が大阪府警の記者クラブで話題になったとき、誰かが『俺たち（取材記者）は野球場のアンパイヤだよな』と言ったんです。つまり、何かボールが飛んできても、記者がそれに手出しすることはない。その話があったばかりだったので、目の前に起きていることに対して、私たちは、基本的にはそれを伝えることに徹するべきだという潜在意識があったと思うんですね」

また暴漢たちが、永野会長を本当に殺害するつもりだったのか、西村氏はいまでも疑問があるという。

「当日あの場所に警察官がいれば、まず実行はできなかったでしょうし、暴漢にしても、防犯格子が簡単に手で外せるなんて思わないでしょう。ドアは頑丈なものだったし、カギを開けない限り、普通に考えればあんな展開にはならない。防犯格子が意外にも簡単に外れてしまったので、引っ込みがつかなくなったすえの凶行だった可能性はあるのではないかと私はいまでも思っています」

「殺人幇助」の罪で告発されたメディア

事件の実行犯はその日のうちに逮捕された。しかし各社の記者たちは、その後も長く「事件」と向き合うことになる。

事件から4日後の6月22日までに、大分県の弁護士2人が、「現場にいながら、なんら事件を防ぐ手段を取らなかった報道関係者は殺人を幇助したことになる」として、1人は最高検察庁と警察庁、もう1人は大阪府警にマスコミを刑事告発したのである。

西村氏が語る。

「主犯のAも、裁判で『殺すつもりはなかったのにマスコミに煽られた』という主張を始めたのです。私個人としても、毎日放送としても、とうてい受け入れられない主張でしたが、このまま何もしなければ、自分自身が殺人幇助の罪を負わせられる可能性が出てきたとき、私は大阪府警の事情聴取に応じることを決めました」

凶器を持った犯人に飛びかかり、勇敢に取り押さえられれば良いが、それができなかったからといって「殺人幇助」に当たると言われれば、明らかに行き過ぎた解釈である。

結果的に起訴されることはなかったが、このとき起訴の可能性も十分にあったと西村氏は言う。

「当時、大阪府警の〝ある事情〟があったのです。それは、当日の明らかな警備ミスを隠すという目的です。繰り返しになりますが、あの日、状況を的確に判断して警察官を常時現場に配置していれば、実行犯も凶行には至らなかった。警備ミスとの批判を受けることを恐れていた大阪府警は、弁護士の告発をうまく利用して、論点をずらそうとしていたのです」

西村氏は、実行犯の刑事裁判にも証人として出廷している。

「取材で知りえた情報を報道以外の目的で使うことへのジレンマはありましたが、公正な刑事裁判実現に協力するという社会的責任もあり、迷ったすえに、検察側の証人として出廷しました」（西村氏）

このとき検察側の証人として証言したのは毎日放送、関西テレビ、朝日新聞、産経新聞の記者。

一方、読売新聞大阪本社は「報道機関が権力側の証人になることはできない」という考えから、弁護側の証人となった。

だが、西村氏をはじめここで証言台に立った記者は、その後やっかいな問題に巻き込まれることになる。

実行犯から届いた記者への「脅迫状」

刑事裁判ではAに懲役10年、Bに8年という判決が確定。それぞれ刑務所に送られ、受刑者となった。

だがAは、刑務所のなかから裁判で出廷した記者たちに「脅迫状」を出す一方で、「殺害は報道関係者に煽られた結果」であるとして何度も再審を請求しては却下されていた。

Aは西村氏に対しても「脅迫状」を出していたが、服役中は当局の判断でその「脅迫状」の発信は許可されず、西村氏のもとへは届かなかった。

1993(平成5)年、Aの出所が近づいたところで大阪府警は各社の記者クラブのキャップを召集し、Aが出していた「脅迫状」の内容を伝え、担当記者に警戒するよう伝えた。刑務所にいる間は手紙を止められるが、出所した後ではそれを強制的に止めることはできない。

「出獄したAからは、実際私あてに脅迫状が送りつけられたほか、会社(毎日放送)にも何度か面会を求める電話がかかってきました」

西村氏によれば、その「脅迫状」文面の一部は次のようなものだったという。

〈最後の最後まで控えていた『私宅訪問』を、手紙でほのめかしたら！　逃げの一手！　家族たちを巻き込むのは本意じゃねえでんなあ。どっさり腹に巻きつけ社に乗り込んでマシンガン乱射、自爆するかも知れまへんでえ。他社が一面大見出しで書いてくれまっしゃろ。〉

「Aは、裁判記録に残っていた記者の名前から、執拗に『協力要請』という名の脅迫を続けました。私は家族を守るために、大変な精神的負担を負いました。また、他社で証言した記者はこのことで、ローマやジュネーブに特派員として異動する措置が取られました。ある意味、あの日、事件を目撃し取材したことによって人生が変わったとも言えるのです」(西村氏)

改めて、西村氏は「事件」の教訓を語る。

「私たちがあのとき、きちんとなすべきだったと思うのは、決して現場の記者たちが殺人を傍観していたわけではなく、殺人行為そのものを目の前で見た人間もいない、ということを視聴者にしっかりと説明することでした。記者たちが目の前で起きている殺人を見守っているかのような誤ったイメージが定着してしまったことで、実行犯もそれを利用した主張をしたし、報道記者が殺人を幇助したという間違った告発もなされたのですから」

これが「豊田商事」会長刺殺事件にまつわる、最も有名な疑問——「なぜ殺人は止められなかったのか」に対する「結論」である。

File.5

球史に残る1時間19分「炎の抗議」

1978年日本シリーズ ヤクルトvs阪急「世紀の大誤審」 左翼手・簑田浩二の回想 「大杉の打球はファウルだった」

ヤクルト球団初の日本一がかかった1978年ヤクルト―阪急の日本シリーズ。「大杉のホームラン」をめぐる阪急・上田監督の猛抗議は球史に残る「誤審騒動」に発展した。当時、左翼手として打球を追った簑田浩二氏が証言を寄せる。

日本シリーズ最終戦「伝説の抗議」

１９７０年代から１９８０年代にかけプロ野球・阪急ブレーブスの監督をつとめ、特に１９７５（昭和50）年からは４連覇するなど同球団の黄金時代を築いた上田利治氏は２０１７（平成29）年７月１日、80歳で死去した。

上田氏にまつわるエピソードでもっとも有名なものが、１９７８（昭和53）年の日本シリーズ第７戦における「史上最長の抗議」である。

ホームランか、ファウルか――ヤクルトの打者・大杉の打球をめぐる「判定」はいまでも球史の謎として語り継がれているが、この一件については２０１６（平成28）年、小誌は当事阪急の左翼手をつとめていた簑田浩二氏から「最終結論」を引き出している。そのストーリーをここに再掲しよう。


プロ野球の「日本一球団」を決める日本シリーズ。１９５０（昭和25）年にスタートし、２０１７（平成29）年までに68回を数える国民的スポーツイベントだが、過去「最高の視聴率」を取った試合を即答できるファンはそれほど多くないかもしれない。

答えは1978（平成53）年。日本シリーズ4連覇を狙う阪急と、球団初のセ・リーグ制覇を成し遂げたヤクルトが、ともに譲らず3勝3敗で迎えた同年10月22日の第7戦、優勝を決める大一番がそれである。

この決戦はフジテレビ系列で中継され、平均45・6％（関東地区）、瞬間最高で61・5％（同）という驚異的な視聴率を叩き出した。

試合の結果は4対0でヤクルトが勝ち、悲願の日本一に輝いたが、ダントツの人気球団である巨人が出ていないシリーズが、なぜここまでの注目を集めることになったのか。これについては、ひとつはっきりとした理由がある。

球史に残る「誤審騒動」――それが答えだ。

この試合でヤクルト・大杉勝男が左翼ポール際に放った大飛球をめぐり、「本塁打」と判定した審判に阪急の上田利治監督が猛抗議。選手をベンチに引き上げさせ、審判の交代を要求するなどして「籠城」したため、試合は1時間19分もの間、中断を余儀なくされた。

このハプニングはオールドファンの間に語り継がれる「大事件」であり、誤審をめぐる騒動が起きると、いまでも引き合いに出される、あまりに有名なできごとである。

現在は各種動画サイトでも当該の試合映像を見ることができるが、大杉の打球の軌跡は不鮮明で、結局のところファウルだったのか、それとも審判の判定どおりホームランだったのか判然としない。

だが、ここに証言者がいる。当時阪急の左翼手として、選手としてはもっとも近い位置からこの打球を追っていた簑田浩二氏である。

俊足巧打の選手として阪急、巨人でプレーした簑田浩二氏

「あれは誤審でした。100％ファウルだったと断言できます」
簑田氏の証言をもとに、40年前の試合を振り返ってみる。

神宮球場が使えず舞台は「後楽園」に

1978（昭和53）年のプロ野球界は、広岡達朗監督率いるヤクルトスワローズのセ・リーグ初制覇が大きな話題となった。

若松勉、大杉勝男、ヒルトン、マニエルの強力打線と、松岡弘、鈴木康二朗、安田猛、井原慎一朗の「2ケタ勝利投手」4人が揃って活躍。

弱小球団だったヤクルトは国鉄スワローズ時代から数え、球団創設29年目にして悲願の初優勝を飾ったのである。

一方、パ・リーグの阪急はまさに黄金期。エース・山田久志を筆頭に佐藤義則、今井雄太郎、山口高志、稲葉光雄らがローテーションを固め、先発陣は安泰。打っては福本豊、加藤秀司、マルカーノ、ウイリアムス、島谷金二、そして若手成長株の簑田浩二らが打ちまくり、盤石の強さでパ・リーグ4連覇を達成した。

10月14日の日本シリーズ第1戦は、後楽園球場でスタート。ヤクルトの本拠地・神宮球場が六大学野球の日程と重なっていたための異例の措置だった。

まさかヤクルトが優勝するとは誰も思っていなかった、などという説もあるが、神宮球場はあくまでアマチュア優先という決めごとがある。さらにこの年は最後まで巨人がヤクルトと優勝を争っていたこともあり、巨人の日本シリーズ進出に備え、後楽園球場は「空き」の状態だった。だが、結果的にこの「球場変更」が、後の大事件を呼び込む伏線になるのである。

微妙な打球を放った大杉はホームラン判定に笑顔の帰還

シリーズは一進一退の攻防。第5戦でヤクルトが3勝目（2敗）をあげ日本一に王手をかけるが、阪急は第6戦で白石静生が完投勝利。勝負はフルセットに持ち込まれ、迎えた最終第7戦が「日本一決定戦」となった。舞台は後楽園球場、デーゲームである。

第7戦の先発は阪急が足立光宏、ヤクルトがエースの松岡弘。阪急の先発には大エースの山田久志も考えられたが、上田利治監督はベテランの足立を起用した。

シリーズ第3戦で完封勝利していた足立はこの試合でも好投するが、5回にヒルトンのタイムリー内野安打で1点を失う。日本シリーズでは実に25イニングぶりの失点だった。

ヤクルトの松岡もエースらしく失点を許さない。投手戦の様相を呈したこの試合、1対0でヤクルトがリードした6回裏に「事件」は起きた。

この回、足立はまず先頭の若松を打ち取ったあと、4番の大杉勝男を迎える。シーズン公式戦で、大杉は打率3割2分7厘、本塁打30本、97打点という主軸に相応しい活躍を見せ、この日本シリーズでもすでに2本のホームランを放っていた。

カウント1ストライク1ボールからの3球目。足立のシンカーはやや甘く高めに浮いた。大杉が待ってましたとばかりに振り抜く。

ライナー性の打球はレフトのポール際。フジテレビ系列の実況アナウンスをそのまま再現してみる。

〈ワンエンドワンからピッチャー足立、3球目打ったー！　レフトへ大きいがどうだ、切れるか、ファウルかフェアーか入った！　ホームラン！　レフトのポールを抜けて入りました……〉

手を叩いて歓喜しながらダイヤモンドを1周する大杉。だが、これが「事件」の始まりだった。

「ポールの上を打球が通過した」

「もう、レフトの線審の富澤（宏哉）さんが手を回した瞬間、〝なにーッ!!〟と詰め寄りましたよ」

当時レフトを守っていた簑田氏が語る。

「完全にファウルでした。大杉さんの打ち方と音、打球のコースで、打った瞬間、ファウルになると思いました。長年、外野手をやっていれば、打球がどこに着地するか、割合正確に分かるものですよ。

後楽園球場のポールには、当時幅1メートルほどの〝ワリコー〟のタテ看板が内側についていたんです。これは、際どい打球がポール際に飛んだときの対策で、内側を通過すればそこに当たってホームランと判定できる。外側ならそのままスタンドに入ってファウルと分かる」

簑田氏は自分の目で、はっきりと打球が「ポールの外側」を通過するのを確認したという。

「間違いないです。これは100％、自信を持って言えます。ですから線審が手を回した瞬間、目を疑いましたよね。確かに打球はライナー性の当たりで速かった。しかし、あれを誤審するというのはちょっと考えられない」

〝現場〟に最も近い位置にいた簑田氏は富澤線審に食ってかかった。

「切れている。完全にファウルだよいまのは！」

すると富澤線審はこう説明したという。

「ポールの上を打球が通過した。打球がポールを巻いて外側に落ちた」

簑田氏が語る。

「これで私は頭に血が上ってしまったんです。なぜなら、打球はポールの上ではなく、確実にポールを横切っているのを見ていたからです。そもそもあのとき、線審はポールの真下に立っていたので、その位置から上を見て、打球がポールの上だったかどうか、はっきりわかるはずがなかった。ポールの上を通過したという明らかなウソの説明をしたので、私は線審がきちんと打球を追えてなかったことを確信したのです」

試合の行方を決めかねない中盤の「追加点」。これにはたまらずベンチから上田監督が飛び出し、レフトのポール際に鬼の形相で駆けつけた。

「どこ見てた！　ファウルやないか！　こんなホームランあるか！」

興奮した上田監督は、いまにも富澤線審につかみかからんばかりの勢いで抗議を始める。時刻は午後2時54分だった。

「見え見えのファウルやないか！　正直に言いなさいよ。見失ったんだろう。お客さんもファウルと言うとるやないか！」

しかし、線審の富澤も言い張る。

「何を言うんですか。打球は見ていた。ポールの上、内側を通過した。ホームランです」

「問題の現場」で抗議を続ける上田監督にファンも騒然

上田監督の怒りは収まらない。なだめようとする主審や塁審の体を振り払って抗議を続ける。

簑田氏の話。

「あのときは自分も頭にきてあまり覚えていなかったけれども、映像を見る限り、上田監督と審判は体も接触している。いまだったら即刻退場になってもおかしくないケースですよ。それでも審判団は毅然とした態度で上田監督を退場させることはできなかったんですね。やはり、心のどこかに〝ファウルだったかな〟という気持ちがあったのではないかと思いますよ」

抗議開始から20分が経過し、富澤は改めて「打球はホームラン」と宣言するが、上田監督の怒りは収まらない。

ついに全選手をベンチに引き上げさせ、「籠城」に入った。

抗議から30分以上が経過すると、秋の後楽園球場は陽が傾き始め、気温も下がってきた。選手の体も冷えていくが、事態はいっこうに解決する見通しが立たないままだ。

ここで登場したのが金子鋭・コミッショナーだった。

富士銀行出身の金子は、ベンチ内に籠城する上田監督に懇願した。

「何とか試合を再開してくれ」

「それじゃあ、あの審判を代えてもらわんと。間違いを認めない審判のもとでは試合はできん！」

だが、審判団は線審の交代を絶対に認めようとしない。

「没収試合になるぞ」

「ああ、そうですか」

すると金子コミッショナーが大きな声で叫んだ。

「ワシが頼んでもダメか！」

簑田氏が語る。

「コミッショナーがそう言っている声は、私にも聞こえました。しかし、上田監督は頑として受け付けなかったですよね。本来、抗議が1時間以上続くというのはファンに対してもあってはいけないことですからね。それでも審判は没収試合にしなかった……というよりできなかったのでしょう。判定もそうですが、その後の対応がことごとくまずかったなあと思います」

球団上層部が上田監督を「説得」

コミッショナーの説得にも応じなかった上田監督。最後に出馬したのは、阪急の球団上層部だった。

いっこうに試合を再開しない阪急に対し、全国のヤクルトファンがテレビ局や阪急球団に抗議の電話をかけ始めていたため、すでに関係各所は大混乱に陥っていた。

「このまま放棄試合になっては、損害賠償金が発生するほか、球史に汚点を残すことにもなる。監督、ここは試合を再開して下さい」

上田監督が説得に応じたのは、そんな球団幹部の言葉だったという。

午後4時13分、阪急の選手が再び守備位置に着く。

ピッチャーは足立に代わって新人の松本正志。しかし松本はいきなりマニエルにレフトへホームランを打たれ、3対0。ヤクルトに傾いた流れは決定的なものとなった。

それでも阪急は、温存していたエース・山田久志を投入。最後の可能性に賭けたが、8回裏、またも大杉にダメ押しとなるソロ本塁打を浴びてしまう。今度は疑う余地のないホームランだった。

結局、試合は4対0で松岡が完投勝利。阪急は敗れ去った。

「その日の夜のことは、あんまり覚えていないんですよ。東京に泊まっていたはずなんですが、飲みにいったわけでもなく、モヤモヤした気持ちでね……後味が悪かった。もちろん、阪急の選手だけでなく、ヤクルトの選手にも、どこかスッ

キリしないところはあったかもしれませんね」（簑田氏）
試合後、わずか2時間後に都内の宿舎で上田監督が辞意を表明。翌日帰阪した上田は、阪急本社で正式に辞表を提出した。
球史に残る上田監督の猛抗議。日本中が注目した試合、ヤクルトは勝ち、阪急は敗れた。
だがもし、あの大杉のホームランがもし「ファウル」の判定だったら、その後の球史はどう変わっていたのだろうか。

File.6

西武がリークした「桑田強行指名」の撹乱情報

運命の「KKドラフト」その驚くべき舞台裏

巨人が狙っていた「ＫＫ一挙獲得」の極秘シナリオは、西武の情報戦によって変更を余儀なくされた。18歳の友情を引き裂いた運命のドラフトは、30年後、大いなる悲劇をもたらすことになる。

2016(平成28)年2月、薬物事件を起こし有罪判決を受けた清原和博。かつての甲子園スターがまさかの転落に至るまでに迎えた「転機」を辿っていけば、誰しもが「あの日」に行き当たる。

1985(昭和60)年11月20日。運命の「ドラフト会議」のことだ。

1980年代前半に空前の甲子園フィーバーを巻き起こしたPL学園。なかでも1年生から投打のエースとして活躍した桑田真澄と清原和博は、ともに数十年に一度の逸材として、プロのスカウトたちに注目される存在だった。

2人はいつも一緒だった。しかし、入団したい球団まで一緒だったことが、2人の絆を引き裂くことになる。

巨人が1位指名したのは、早稲田大学進学を表明し、プロ入りは絶対にないと公言していた桑田だった。巨人からの指名を信じて疑わなかった18歳の清原は絶望し、涙を流した。

あのとき、6球団が清原を1位指名した。たとえ巨人に入団できなかったとしても、巨人の1位指名という事実さえあれば、清原はその後、納得して自分の「運命」を受容していたかもしれない。

しかし、巨人は自分を指名してくれなかった。そのことに、いまなお清原は納得していない。

現役引退後の桑田が、かつて進学の約束を蹴った早大（大学院）にあえて入学したことが、清原には信じられなかった。

高校生だった桑田が早大に「進学する」という約束を破ったことで、その後しばらく、ＰＬ学園から早大はもちろん、六大学に進学することができない状況が生まれた。

清原はそのことについて、どれだけ周囲が迷惑したのか桑田は分かっているのか、と怒っているのである。

気持ちの整理がついていなかった清原

当時、巨人と桑田の間に「密約」はあったのか――この疑問についてはこれまで数々の検証が加えられてきたが、結論から言えば「密約」はあったと考えるしかない。それを裏付ける状況証拠は実に豊富だ。

しかし、清原はその「密約」について、これまで一度も桑田本人や、当時の王監督など関係者に「真相」を問い質したことはないのである。

日本中の注目を集め続けた高校時代の「KKコンビ」

一方で、西武からFA宣言によって巨人に移籍した1996（平成8）年オフ、清原は巨人との入団交渉の席で、事務的に契約条件を切り出す当時の球団代表に対して、こんな言葉をぶつけている。

「その前に僕は心の整理をつけたいんです。そんな条件よりも、11年前のドラフトの時のことが僕の中ではまだ整理がついていないんです」（清原和博『男道』幻冬舎刊）

しかし、球団代表は「ああ、そんなこともあったね」と笑うのだった。

何を女々しいことを言っているのか、と思われるファンも多いだろう。

気持ちを切り替えて西武に入団した

のであれば、巨人への反骨心をエネルギーに変えれば良かっただけの話ではないか——。

だが、清原は巨人に「謝罪」を求めていた。

それは自分を1位指名しなかったことよりも、チームメイトだった桑田を指名し、しかも桑田を入団させたことに対してである。

最終的に、この巨人移籍時には、渡辺恒雄オーナー（当時）が清原と両親の前で「ドラフトの件は、お父さんお母さんにまで悲しい思いをさせて申し訳なかった」と頭を下げたことで解決された。いや、されたと思われた。

しかし、清原の心のなかでは、まだ「火種」がくすぶっていた。もはや、清原にとってあのドラフトの問題は「消せない怨念」でしかないのだ。

あれほどまでに憧れ、入団したい、できると信じた球団に裏切られ、その後回り道をして入団したものの、最後は意に反してクビを切られた。

清原が「どんなチームでも野球をやるのは同じ」という考えを最後まで持ち得なかったとすれば、その「原点」がプロ入団時のドラフト体験にあったことは、疑いようがない。

憧れ続けた絶大な「巨人ブランド」

巨人と桑田の間に「密約」はあったのか。その問題について、いまいちど振り返ってみることにしたい。

1985（昭和60）年のドラフト会議はまさに清原のためのものだった。

高校通算64本塁打、打率4割1分2厘。甲子園でも13本のホームランを放った清原は、将来性と人気度を兼ね備えた、数十年の一度の逸材と呼ぶにふさわしい打者だった。

「清原以外にも多くの逸材が揃った豊作年でしたが、彼らがかすんで見えてしまうほどの光が清原にはありました」

と当時、ドラフトを取材したスポーツ紙記者が語る。

「投手では本田技研の伊東昭光やNTT関東の長冨浩志、高知商業の中山裕章、野手でも本田技研の広瀬哲朗、都城高の田中幸雄など、後に活躍することになる選手が大勢いました。しかし、とにかく各社の注目は清原。それも第1希望の巨人か地元の阪神に入れるかどうか。それが焦点でした」

大阪・岸和田市で生まれ育った清原ではあるが、祖父と母は大の巨人ファン。電気工事店を営む父・洋文氏は阪神ファンだったが、父より祖父になついていた清原は、物心ついたときから、「世界の王貞治」に憧れていた。

いまでこそ、「巨人でないと行きたくない」といったドラフト候補は少なくなったが、当時の「巨人ブランド」は現在とまったく比較にならない金看板だった。

前出の記者が語る。

「口にこそ出さないものの、指名される可能性のある選手の8割以上は〝巨人に行けたら最高なのになあ〟と思っていたはずです。まず全試合、テレビ中継があって、活躍すればその姿が全国に映し出される。そして、ONをはじめとする子どもの頃に憧れたスター選手とチームメイトになることができる。さらに、ここが重要ですが資金力が違う。当時、あるパ・リーグのヘッドコーチから聞いた話ですが『巨人の2軍コーチに年俸を聞いたら、自分と同じだった』という。巨人は優勝する確率が高いので、同じ成績を残しても、他球団と年俸の上昇率がまったく違う。さらに、巨人に所属すれば知名度を得られるので、引退後は系列のメディアに仕事を斡旋してもらえるし、コーチの仕事もしやすい。人生設計上、巨人に入るのとそれ以外では大違い、というのがあのころの球界をとりまく時代状況でした」

球界が巨人を中心に回っているという現実は、「どうしても巨人に入りたい選手」を生み出し、そのことが「空白の1日」事件で有名な江川卓氏（現・野球評論家）や、1浪の末に目的を達成した元木大介氏（現・タレント）のケースなど、ドラフトにおける数々のドラマを生み出してきた背景にもなっている。

甲子園の歴史はじまって以来のスターであった清原が、憧れのホームラン王、王貞治監督率いる「栄光の巨人軍」を目指したのは当然の成り行きだった。

くすぶり続けた桑田への不信感

1985（昭和60）年夏の甲子園大会で優勝（PL学園）を果たした後、早々とプロ入り志望を表明した清原に対し、桑田は早大進学を打ち出し、退部届も出さなかった。

しかしこのとき、他球団やその動向を取材する記者たちが、桑田の進学を本気で信じていたかといえば、そうとは言い切れない。もっとハッキリ言えば、「桑田は結局巨人に行くのではないか」との疑念は初期からあったのである。

「理由は2つありました」と、前出の記者が語る。

「ひとつは、桑田家の金銭事情。そしてもうひとつは、当時巨人のスカウト部次長で大阪を担当していた伊藤菊雄氏（故人）の存在です」

まず桑田家の懐事情。

「桑田は3人兄弟の長男でしたが、実家には借金もあり、とてもではないが早稲田に進学させる金銭的余裕があるとは思えなかった。桑田の父、泰次氏（故人）は当時、有望な野球選手を、面識ある学校法人に送り込むという仕事を生業としていたが、収入は不安定で、甲子園でスターになった桑田に色紙を書かせ、それを販売するなどして生活するような状態だった。早大受験も体育推薦ではなく一般入試だったため、いかにも不自然でした」

さらに、寝業師と呼ばれた伊藤菊雄スカウトの存在である。

「菊さんは自分の息子をPL学園の野球部に入部させ、本来、スカウトとの接触が禁じられている桑田の父・泰次氏と、野球部員の父兄という立場で頻繁に会うことができた。さらに過去、早大進学を打ち出しながら、巨人にドラフトで指名されると翻意して入団した大北敏博（高松商＝1970年）や鈴木康友（天理＝1977年）のケースがあり、その絵を描いたのが他ならぬ伊藤菊さんだった。

今回もその気配が漂っていたことから、各球団は巨人の動きを徹底マークしていたはずです」
しかし、結果的にドラフト前の段階で「桑田の巨人入り密約」を本格追及したメディアはなかった。
「桑田はドラフト後の11月24日に早大を受験することになっていましたし、早大側をいくら取材しても、桑田の進学を疑う人間はいなかった。もし密約があったとしても、早大側がカモフラージュに協力するメリットはない。となると、本当に桑田が巨人と出来ていた場合、早大を完全に騙していることになるため、相当な問題になることが予想された。下手をするとその後、永久に早大から選手を取れなくなるかもしれないリスクをおかしてまで、桑田を取りにいくとは思えなかった。また、当時の王監督が、さかんに清原にラブコールを送っていた。同じスラッガーでもあり、自分の本塁打記録を塗り替えられる逸材である清原を、王さんが指名しないはずはない。早稲田実業出身である王監督が、早稲田と揉め事を起こすはずがないという思いもあった」(同)
多少のキナ臭さはあるものの、「巨人もさすがに桑田はないだろう」とのムードのまま、11月20日のドラフト会議が近づく。

王監督の色紙が『日刊スポーツ』1面に

清原はドラフト前に「巨人か阪神でなければ日本生命に行きます」と表明。

ドラフト前日の11月19日には、決定的とも言える記事が日刊スポーツ朝刊を飾った。

〈王　清原に傾く〉

大見出しが踊ったその紙面には、ご丁寧にも「清原和博君へ　努力　王貞治」と書かれた王監督直筆の色紙が掲載された。

「日刊スポーツの記者が、王監督に依頼したものでした」

と前出の記者が語る。

「清原君が、王監督のサインを欲しがっている、という理由で色紙を依頼すると、王監督はそのリクエストに応じ、色紙にサインした。それが新聞の1面を飾ったのです。しかし、この色紙で清原と巨人の〝相思相愛〟は決定的なものとして印象付けられ、事実、この日の〝ドラフト指名予想〟では、日刊も巨人にはもっとも食い込んでいるはずの報知も1位は清原と断言したのです」

このころ清原は、ＰＬ学園のクラスメートに「巨人が指名してくれる」と語り、有頂天になっていた。それを横目で見ていた桑田は、無関心を装い何も語らなかったという。

しかし、このドラフト前日から、水面下では各球団による激しい情報戦が繰り広げられていた。

ドラフト前日の19日、読売系の報知新聞（現・スポーツ報知）は1面で「巨人は清原指名」を伝えたが、球団の指名予想表をよく見ると、西武ライオンズの「外れ1位」予想の欄に「斉藤か桑田」とある。

なお斉藤とは、青山学院大学の右投手で、現在はソフトバンク3軍リハビリ担当コーチの斉藤学。最終的にこの年のドラフトで中日に1位指名（清原の外れ1位）され入団している。

当時の報知記者が回想する。

「実は、西武が桑田を指名するという情報は、西武側からのリークでした。ドラフト直前になって、どうも桑田の早大進学に確証が持てないと踏んだ根本陸夫管理部長（当時＝故人）が、球団フロントに命じて、西武が桑田を強行指名するという情報を球団関係者やメディアに吹き込んだのです」

これについては、当時の球団代表だった坂井保之氏も、後に同様の証言をしているので間違いないだろう。

根本氏は、巨人が桑田と清原の「W獲得」を狙っていると読んでいた。つまり1位は清原を指名する。もちろん、その前段には王監督との「相思相愛」を演出し、ウソでも「日本生命に行く」と言わせてなるべく他球団の指名を排除する。

競合が予想される清原だが、うまく当たりクジを引くことができれば2位、またはドラフト外で桑田を指名。早大進学を表明している桑田ではあるが、「キヨが巨人に行くなら僕も……」と言えば、世間的には許される。

清原をクジで引き当てられなかった場合、外れ1位の隠しダマとして桑田を指名する。

これならば、最高のシナリオならＫＫ同時獲得。最悪でも話がついている桑田は獲得できる。

しかし、このような作戦をまんまと許しては他球団のスカウトは何をしていたのかという話になる。球界の黒幕として知られ、独自の情報網を構築していた根本は、巨人に情報戦を挑んだ。

ドラフト前日の夕刊フジにも『巨人　桑田1位指名』という西武のリークに乗った記事が掲載された。

さまざまな思惑が交錯するなか、運命のドラフト当日を迎える。

系列の報知が「巨人伊東」の大誤報

11月20日のドラフト当日。今度は報知新聞の1面トップに驚くべき活字が躍る。

〈清原に8球団集中　巨人は伊東〉

前日、「巨人は清原」と断言した報知が、一転して社会人ナンバー1投手だった伊東昭光（本田技研）に方針転換。一体何があったのか。

これについては、当事者の証言がある。当時報知の巨人担当キャップだった山内豊氏は、最近になって次のように回想している。

場面はドラフト前日の夜、羽田空港だ。

〈7時過ぎ、出張帰りの王監督を取材に羽田空港に向かった。幸い他社の記者はだれもいなかった。「ドラフト最後の情報を下さい」の懇願に、王さんは「清原の1位指名はなくなった。投手でいくことにしたよ」といった。

さっそく会社でデスクに報告、アマ野球担当と検討会議を開いた。だが、桑田の「ク」の字もでなかった。締め切り時間が迫ってきた。

「清原をあきらめてまで、ほしがる投手は、即戦力の社会人しかいない」と判断した。

ドラフト当日のスポーツ報知の1面紙面は「巨人の1位指名は伊東昭光（本田技研からヤクルト）」となった。結論、大誤報となった。〉（『夕刊フジ』2010年8月16日）

王監督を直撃したところ「清原1位」を否定された。しかし桑田はあり得ないと判断した報知は、伊東を指名すると判断したのだった。系列紙にも桑田指名を悟られなかった巨人の情報管理は完璧だった。

桑田の「早大受験取りやめ」にマスコミは大批判を加えた

ドラフト当日のドラマは、ご存知の通りである。清原を指名したのは6球団(阪神、中日、西武、近鉄、日本ハム、南海)。黒幕の根本管理部長が「黄金の右手」でクジを引き当て、巨人の指名を受けられなかった清原は涙を流した。

一方、「もしドラフトで指名されても記者会見はやりませんよ」と前日まで「早大1本」を強調していた桑田であったが、その後急速に態度を軟化させ、24日に受ける予定だった早大の入試も中止。あっさりと巨人入りを決めた。

報知を除くスポーツ紙は「密約」「第2の江川」と書き立てたが、決定状況が覆ることはなかったのである。

PL学園入団時から「桑田巨人」のシナリオ

巨人においてはそもそもいつ、誰が桑田の1位指名を決定したのか。

これについては諸説あるが、もっとも説得力があるのは「桑田がPL学園に入学した1年生の頃から、球団内部では桑田1位指名のシナリオがあった」というものだ。

冒頭のスポーツ紙記者は語る。

「当時、ドラフトにおける巨人の最終決定権は、正力亨オーナーにありましたが、そのオーナーをうまく操縦していたのが沢田幸夫スカウト部長、伊藤菊雄スカウトでした。王監督にも一定の発言権があったとは思いますが、1984年の監督就任から2年連続で優勝を逃していたこともあって、その希望は最優先で聞き入れられる状況ではなかった。清原の前年のドラフトで、巨人は慶大の上田和明を1位指名しているのですが、これは同じ慶大出身の正力オーナーの〝ご機嫌取り〟だったと言われています。つまり、翌年のドラフトでは桑田で行きますが、それでいいですね、という趣旨です。確かに清原は欲しい選手だったが、チーム事情からすれば原や中畑がいるところに右の内野手を取っても守らせる場所がない。江川や西本の勢いに陰りが見えていた時期、確実に将来のエースとして勝ち星が期待できる桑田を獲得したほうがいいという判断は、確かに冷静なものだったと思います」

とはいえ、はじめから巨人の清原1位指名がなかったというわけではなく、もし他球団がすべて桑田獲得を見送るのであれば、巨人は清原を1位指名したはずだった。

つまり「どうしても獲得したい」桑田はどういう形でも獲れるように話をつけておき、重複指名が避けられない清原は「できれば獲得したい」という存在だった。巨人にとっては、何より西武の動きが誤算だったというわけである。

ドラフト後、清原は巨人を憎み、自分に色紙まで書いてくれた王監督を恨んだ。結果的に清原は西武に入団するのだが、その西武が情報をリークしなければ、もしかしたら清原の野球人生は大きく変わっていたかもしれないのだから運命とは皮肉である。

引退する清原に王監督がかけた言葉

ドラフトから11年後の1996（平成8）年、清原はFA宣言によって巨人に入り、子供のころからの夢を実現させた。

あの日の「真実」を知りたい気持ちもある。しかし、面と向かって聞くことはできない。薄々、どういう事情だったかを分かってはいても「なぜ、桑田は本当のことを自分に言ってくれなかったのか」という思いを消すことはできない。

桑田も、たとえ真実を話したい気持ちがあったとしても、あのドラフトの真実は墓場に持っていくしかないのだろう。チームメートの清原が「巨人指名」を確信して大騒ぎしているとき、自分の希望というより、大人の事情で決まってしまった「巨人入り」のシナリオを、もし正直に打ち明けたらどういうことになるか。

それはそれで、ドラフト前からKKの絆は引き裂かれていたことだろう。巨人が同時に2人を1位指名することは不可能なのだから。

清原は2008（平成20）年、オリックスを引退。引退試合となった10月1日のソフトバンク戦。試合後のセレモニーで、清原に花束を贈呈したソフトバン

清原に言葉をかける王監督。だが清原はその後薬物事件を起こし逮捕される

ク・王監督はこう言葉をかけたという。

「来世、生まれ変わったら、同じチームで野球をやろう。ホームランの数を競い合おう！」

清原はこの言葉で、あのドラフトに関する長年のわだかまりは完全になくなった、と語っていた。

偶然と必然が組み合わさり、2人の力ではどうしようもないところで生じた「ドラフト」の悲劇。

太陽のような眩い光で甲子園を照らした2人の間には、その後、濃く暗い影が長く横たわることになった。

File.7

いま蘇る「角さん」と黄金の昭和

日本人が知っておきたい戦後最大の政治リーダー田中角栄「10大伝説」

戦後の政治リーダーとして、いまも圧倒的な人気を誇る田中角栄。その人情味溢れるエピソードとスケール感あふれる行動力は近年再評価を受け、「角栄ブーム」と呼ばれる現象を巻き起こした。改めて、政治家・田中角栄にまつわる代表的な「伝説」をここに紹介する。

田中角栄伝説①

尋常高等小学校卒

学歴なき「庶民宰相」の誕生

戦後の歴代総理大臣が、閨閥や高級官僚出身者といったエスタブリッシュメントたちで占められるなか、尋常高等小学校（現在で言う中学校）卒という田中角栄の「学歴」は極めて異色と言えるだろう。

田中角栄は1918（大正7）年5月4日、新潟県刈羽郡二田村（現・柏崎市）に父・田中角次、母・フメの次男として生まれた。

角栄の上には角一という兄がいたが夭折したため、角栄は実質的に長男として育つことになる。

父・角次は当初「義高」か「角太郎」という名にしようと考えていたが、母のフメが「私の生まれた家の隣に〝角太郎〟という犬がいます」と反対。結局母の案である「角栄」と名付けられた。

ちなみに母のフメという名も、もともと親が「ヒメ」という名で村役場に届けたところ、間違って「フメ」と戸籍簿に書かれてしまい、そのまま定着したという逸話がある。

父の角次は牛馬商であったが、事業に失敗し、角栄は極貧の生活を余儀なくされた。

角次は競走馬を保有し全国各地の競馬場で出走させていたが、借金を作ると、母のフメが親類に頭を下げて借金し、その金を角栄が父に届ける、といったこともあった。雪深い村の生活と母の苦労は、角栄の原体験として意識の奥底に刷り込まれていく。

少年時代の角栄と母・フメ

二田高等小学校を卒業した角栄は、成績こそ優秀だったにもかかわらず、経済的な事情で中学校に進学することを断念した。

生まれつき吃音があった角栄は、漢詩やお経、法律書などを手当たり次第に音読することで、その「どもり」を克服する。そのとき覚えた知識は、その後の角栄を大いに助けることになった。

角栄は柏崎の土木派遣所で働いたあと、1934（昭和9）年、15歳で上京する。

母のフメは、貧しい生活のなかで、これまで角栄が働いた月給を使わずに積み立てていた。そして、3つのことを角栄に話した。

「人間は休養が必要である。休んでから働くか、働いてから休むか。そのときには働いてから休みなさい。それから悪いことをしなければ住めないようになったら、家に帰ってきなさい。また金を貸した人の名を忘れても、借りた人の名は絶対に忘れてはなりません」

上京した角栄は、井上工業という土建会社に住み込みで働きながら、新生活をスタートさせる。

戦後の1946（昭和21）年に衆院選に出馬（このときは落選、1947年に初当選）するまで、角栄は激動の戦中時代を逞しく生き抜いた。

建築事務所の設立、そして満州での兵役。理研コンツェルンと大河内正敏との出会い。除隊後に開設した「田中建築事務所」の家主の娘、坂本はなとの結婚。長男・正法（後に5歳で死去）、長女・眞紀子の誕生。そして終戦――。

実際に学校に通っていた期間は8年と確かに短かったが、角栄は持ち前の野心と行動力で、終戦時にはすでに有力な実業家（「田中土建工業株式会社」）として独り立ちし、その後、会社の顧問だった政治家・大麻唯男のすすめで「政界」を志すことになる。

角栄にいわゆる「学歴」がなかったことは確かだが、そのかわり、どんなエリートをも凌駕する濃密な人生体験と、運命的な出会いをこの青春時代に経験していた。

後に、日本を代表するエリート官僚たちが、角栄に心酔し傾倒していったのは、生きるための実学に長けた角栄の「凄み」を肌で感じた部分が大きかったと考えられる。

また角栄は政治家になってから、自分の「学歴のなさ」をむしろ官僚とは違う、ひとつの武器としてうまく演出して見せていた側面もある。

角栄は、二田小学校時代の校長、草間道之輔を「終生の恩師」と呼び、いまも信じるその「教え」についてこう書いている。

「われわれ人間の頭脳の中は、数かぎりない印画紙の倉庫となっていて、自分がつよく感ずれば印画紙はつよく感光するし、弱く感ずればうきでてくる映像もぼんやりとする。自分の名前さえ書けない文盲の老婆でも、しんけんにお経の文をおそわればわすれることもない。脳中の印画紙は無数であり、しかも、一度焼きつけられた映像は、死ぬそのときまで消えることがない」(『わたくしの少年時代』より)

田中角栄伝説② 日本列島改造論

驚異の90万部ベストセラーとなった「政策書」

1972年発行の『日本列島改造論』(日刊工業新聞社)

政治家・田中角栄の「代名詞」とも言える政策、それが「日本列島改造論」である。

1972(昭和47)年6月、通産大臣だった田中角栄がちょうど内閣総理大臣に指名される半月前に、田中本人の著書として『日本列島改造論』(日刊工業新聞社)が出版された。

総理大臣に就任した勢いもあり、同書は最終的に約90万部を売り上げる大ベストセラーとなった。政治家の純粋な政策書としては、いまだにこの数字を塗り替える本は出ていない。

同書の内容をひとことで言うならば、「都市の過密と地方の過疎を防ぎ、経済格差をなくす。そのために交通網を整備し、情報インフラを整える」と論じたものだった。

雪国の新潟から政治家になった田中角栄にとって、地方の農村と都市の格差解消、そして地方で豊かに暮らせる国づくりはもっとも主たるテーマであった。

この本の製作には通産大臣秘書官だった小長啓一及び何人かの通産官僚、そして新聞記者出身秘書の早坂茂三が深く関わっていた。

後に通産省事務次官になった小長啓一氏本人が次のように証言している。

〈あの時のあの言葉は、いまもはっきり覚えている。

1971年の暮れ。私は、通商産業省（現経済産業省）の旧庁舎の3階にあった大臣室にいた。公式の日程を終えた夕暮れ時。いつものように田中さんと雑談し始めたら、ふいに話を向けられた。

「俺もまあ、工業の再配置問題とか、通産省からみた国土開発を勉強した。これで政策の『全体系』が頭に入った。ちょうど代議士25周年。節目ということで考えをまとめてみるか」

思えば、これが列島改造論が生まれた瞬間だった。

さっそく、私をはじめ通産省の役人と、日刊工業新聞の記者の6、7人が執筆スタッフに選ばれ、動き始めた。通産省からは若い連中が選ばれた。後に作家として「堺屋太一」と名乗る池口小太郎さんもいた。

田中さんの私たちへのレクチャーが始まった。みんなで大臣室の大テーブルを取り囲んだ。3、4回、合計20時間になった。構想は田中さんの頭の中にあるから、資料なしで朗々としゃべる。私たちは、ほとんど質問せずに聞いた。

「東京へ、東京へ、という人とモノと金の流れを、地方へ逆流させようじゃないか」

「同じ日本人なんだから、どこに住んでいても一定以上の生活ができる体制にしようじゃないか」

独特のダミ声。時に言葉を止め、抑揚をつける調子に、思わず聴き入る。

「君ら、酔って丸の内でひっくり返っても、すぐ救急車で運んでもらって、一晩休めば命には別条ない。同じことを北海道でやったらどうなるか。そういう格差

はなくそうじゃないか」〉（『朝日新聞』2012年4月30日）

『日本列島改造論』のまえがきはこう始まっている。

「水は低きに流れ、人は高きに集まる……」

やけに文学的な表現は、あの早坂茂三氏の文体にそっくりだ。おそらく早坂秘書も、角栄の「ゴースト」をつとめた可能性が高いだろう。

角栄が自信を持って世に送り出した『日本列島改造論』は大きな反響を呼び、小長氏は角栄に首相秘書官として引き上げられる。

しかし、そこから「狂乱物価」が始まった。内需を膨らませる政策が具体化したため、インフレが進行。「列島改造論」は悪玉として批判の対象となった。

1972（昭和47）年の総選挙で自民党は敗退する。

そして1973（昭和48）年に愛知揆一蔵相の急死後、角栄は土建国家化に反対していた福田赳夫をやむなく蔵相に起用。「列島改造論」は事実上の「お蔵入り」となった。

2012（平成24）年に政界を引退した渡部恒三・元衆議院議員はこう振り返っている。

「反省しなければならない点があった。都会から農村に人、物、金を流すつもりが反対に流れてしまった。便利さにはいつも難しさがつきまとうんだな」

田中角栄伝説③　数は力なり
最盛期の「田中軍団」は１４０人

日本の戦後史上、最大の人数を誇った「政治派閥」が、田中派である。

角栄が脳梗塞に倒れる前の１９８４（昭和59）年、第2次中曽根内閣において、田中派議員は衆参合わせて実に１４０人に及び、秘書は総勢１０００人以上となっていた。

「数は力なり」

角栄自身がこの言葉を常用していた形跡はない。だが「困っているひとの人の力になれないやつは政治をやる資格がない」と語っていた角栄は、他の派閥や野党議員の面倒も見ていたことは有名で、「隠れ田中派議員」を含めると、その権勢はもっと強大であったと推測される。

ベテランの政治記者の間でいまなお語り草となるのは、1978（昭和53）年11月の自民党総裁選だ。

当時総裁を争ったのは、現職の福田赳夫と大平正芳。「角福戦争」に決着をつけたいと考えていた角栄は、全面的に大平を支援。目白の私邸に田中派議員秘書を集め、こうゲキを飛ばしたという。

「この選挙期間中は全員、田中角栄の秘書だ！」

角栄は、全員に「角栄秘書」の名刺を持たせ、総裁予備選で投票権を持つ全国の党員の自宅にローラー作戦をかけさせた。

予備選では予想を覆し、大平が福田を上回る。驚いた福田は本選を辞退し、大平の勝利が決まった。「天の声にも変な声がたまにはある」という有名な言葉はそのとき誕生したものだ。

田中派はこのころから膨張を続け、角栄は裏舞台からときの政権を操る「黒幕」としての存在感を強めていく。それを支えていた力の源泉は、目的のためなら露骨な多数派工作を躊躇なく実践する、体育会系的な田中派秘書軍団の機動性と行動力だった。

当時、角栄は自らの大派閥をよく「総合病院」にたとえて語ることがあった。

「目がつぶれたといっても、目医者にだけ行ったんではだめなんだ。目がつぶれるということは、糖尿病かもしれない。血糖値が300、400あるかもしれない。糖尿病ならすぐ肝臓は、心臓はどうだとピシャッとやらないと。ウチは総合病院だもの」

角栄の「軍団肥大化」のもうひとつの大きな理由は、ロッキード裁判だった。この困難な裁判に打ち勝つために、要所に田中派議員を送り込み、司法にプレッシャーをかけ続ける必要もあった。

だが、この栄華を誇った「田中軍団」に暗雲が立ち込めるのは1984(昭和59)年頃のことであった。

「田中派が膨張しても、そこから総理が出ない、候補を立てないのはおかしいのではないか」

政治の世界において「数は力」であることは間違いないが、その頂点に君臨する総理が、田中派ではないという権力の二重構造に疑問を持つ議員が出始めたのである。

そうした不満を持つ勢力が竹下登のもとに集まり、ついに「創政会」の旗揚げへとつながっていく。

1985(昭和60)年、角栄は脳梗塞に倒れ、竹下時代が始まった。「数は力なり」の時代がひとつの区切りを迎えた瞬間だった。

田中角栄伝説④ 角福戦争

対極に位置する2人の男の長く熱い闘い

尋常高等小学校出の田中角栄と、東大、大蔵省出身の福田赳夫。生まれも育ちも、そして年回りも違うこの2人の派閥の領袖は、1970年代から80年代にかけ、長く激しい政争を繰り広げた。

人呼んで「角福戦争」――それは、戦後の日本政治史上、もっとも激しく、もっとも有名な権力闘争であったと言えるだろう。

2人の「第1ラウンド」は佐藤栄作の後の総理総裁を争った1972(昭和47)年だった。

この年の総裁選では、勝負どころと見た2人の激しい駆け引きが行われ、実弾(現金)が激しく飛び交う生臭い死闘が繰り広げられたと言われる。

総裁選に出馬したのは田中角栄、福田赳夫、大平正芳、三木武夫の４人である。

「2位が1位を支えよう」

角栄と福田はそう約束していたが、その裏で角栄は大平、三木とも「決選投票では頼む」と話をつけていたのだった。

それを知った福田は憤ったが、結局第１回投票では角栄１５６票、福田１５０票（大平１０１票、三木69票）。決選投票では角栄２８２票、福田１９０票で角栄が勝利した。なりふりかまわず選挙に資金を投じた角栄は、ライバルとの大一番に勝利する。

２人の「第２ラウンド」は１９７８（昭和53）年だった。

「三木おろし」では手を組んだ角福だったが、その後１９７６（昭和51）年に福田が総理になると、「２年後に大平に禅譲」という約束を福田は反故にする。

すべてが対照的だった田中角栄と福田赳夫

ロッキード事件で逮捕され、表舞台から姿を消していた角栄だったが、これ以上福田政権が続くことを阻止するため、派閥議員の全秘書を総動員して福田潰しを開始。結局、大逆転で「大平総理」を誕生させる。ここでも角栄が勝利した。

そして最後の第3ラウンドは、鈴木善幸内閣が誕生した1980（昭和55）年。大平の「ハプニング解散」による衆参総選挙で、現職の大平が選挙期間中に急死。自民党は大勝するが、大平派の鈴木善幸が総理に就任したことで、田中派は盤石。「角福戦争」には一応の決着がつけられた。

田中角栄と福田赳夫は、対立しながらも総理時代の角栄が福田を蔵相に起用するなど、互いに「自分にない能力」を認め合っていたとの指摘は多い。

角福戦争においては何かと「悪役」とされがちであったエリートの福田赳夫であるが、角栄秘書の早坂茂三は、後に福田の人間的な一面を紹介している。

1985（昭和60）年に角栄が倒れ、早坂が新しく自分の事務所を開く際、1000人を超える関係者に挨拶状を書いて送った。するとイの一番に「早ちゃん、頑張れよ」と返事が返ってきたのが、福田赳夫だったというのだ。

早坂は恐縮し、すぐに福田に「会いたい」と連絡する。翌日、2人は恩讐を超えて福田の事務所で会い、昔話に花を咲かせた。

翌日、早坂のところへ新聞各社の福田番の記者から電話がかかってきた。

「昨日、福田さんと会っていたそうですね。どんな話をしたのですか」

早坂は逆に尋ねた。

「福田さんは何と話していた？」

「早坂は何も肝心なことを話さなかったよ、と言っています」

秘書の世界で「話さない」ことは信用であり、美徳だ。福田はそれを知っていて、わざと新聞記者にそう話したのである。

福田流のプレゼントは、病に倒れた角栄へのエールであったのかもしれない。

田中角栄伝説⑤ 日中国交正常化
歴史に刻まれる角栄の鮮やかな「速攻」

政治家としての田中角栄が手がけた仕事の多くは、その是非は別としても「角栄でなければおそらくできなかった」と思われるものが多い。

常識的発想、常識的行動力では為しえない、突出したパフォーマンス力。それがいかんなく発揮され、いまなお「角栄最大の功績」とも賞賛されるのが、日中国交正常化の実現だ。

1972（昭和47）年9月29日、日本は中国との共同声明に署名調印し、正式に日中国交を回復させた。

近年冷え切った日中関係が続くとはいえ、もはや中国は日本にとって切っても切り離すことのできない経済上のパートナーである。

総理就任直後に日中国交正常化を実現（1972年）

歴史に「イフ」がないとは分かっていても、もしあのとき、角栄がこの日中関係の問題に着手していなかったら、いまごろ日本はどうなっていたのだろうかと想像してしまう。

1972（昭和47）年7月、田中角栄は総理になって間もなく、側近にこう語った。

「毛沢東とか周恩来という、いまの中国を作った創業者は共産主義であれ何であれ、苦労をしてきた連中だ。多くの死線を越えてきた。それだけに、すべてないものづくしのなかであのでかい国をやりくりしていくためには、いま何が必要かということが分かっている。賠償金を放棄するという決断は、あの2人にしかできない。だからこそ、連中が元気なうちにこの勝負を決めなければならないんだ」

日中の国交正常化の機運はそれ以前から高まっていた。中国側も中ソ冷戦の折、日米との関係性を修復しなければならない事情もある。ライバルの福田に勝ち、総理の座に就いた角栄は、ハワイでニクソン大統領と会談。日本の方針を伝える。国内の親台湾派議員、さらに右翼団体からの激しい抵抗を受けながら、9月、角栄は訪中する。

当時の角栄が語った言葉を秘書の佐藤昭子はこう書いている。

「中国には命をかけて行く。俺は命は惜しくない。深夜、目を覚まして思うのは、常に国家国民のことだけだ。岸さんも言っていたが、この気持ちは総理経験者でなければ分からないものだ」

同じく秘書の早坂茂三は、中国側から事前に「角栄の嗜好」について聞かれ、こう答えている。

「室温は17度。冷たいおしぼりと氷水。〝台湾バナナ〟と柏崎の〝西牧〟の味噌汁、それにコシヒカリ」

すると中国側は完璧にそのリクエストを準備し、訪中した田中角栄を迎えたという。

歴史的な調印式を成功裏に終わらせ、パンダのお土産まで持ち帰った田中角栄の国民的人気は急上昇する。

角栄が総理の座を降り、ロッキード裁判の被告となったあとも、中国は常に田中角栄に敬意を払い続けてきた。

1978（昭和53）年には鄧小平副総理（当時）が来日し、角栄の私邸を表敬訪問している。

また角栄は最晩年の1992（平成4）年にも来日した江沢民の訪問を受け、その4ヵ月後に訪中を果した。

当時角栄はこのような言葉を残している。

「中国再訪が実現し万感胸にせまるものがある。私はこの20年間片時も目を離さず、日中関係を見つめてきた。首相当時下した決断が間違っていなかったことを確信したい一心で訪れたのである」

田中角栄伝説⑥

「金脈と人脈」

『文藝春秋』が火をつけた「金権政治」批判

大宰相・田中角栄を退陣に追い込んだ2本の雑誌記事。いまなお『雑誌ジャーナリズムの金字塔』と評されるその特集は、月刊誌『文藝春秋』1974（昭和49）年11月号に掲載された。

ジャーナリスト・立花隆氏による『田中角栄研究――その人脈と金脈』と、児玉隆也氏による『淋しき越山会の女王』がそれである。

立花の記事は、いかに田中政治がカネまみれであるかを、証拠とともに批判するスタイルで書かれており、児玉の記事は、長年、田中角栄の側近として仕える女性・佐藤昭（のち昭子）の「権力」と、角栄との関係性に迫る内容だった。

この記事がいかに衝撃であったかは、佐藤昭本人の手記にも記されている。


〈昭和四十九年十月十日（木）晴〉

「田中角栄研究――その金脈と人脈」を掲載した『文藝春秋』11月号が発売。ゲラの段階で記事を読み、怒りがこみあげる。田中は総理という公人だ。金脈だか人脈だかを追及されても仕方ない面もある。ところが、大変なおまけがついている。
「淋しき越山会の女王」という記事。なぜ私のことまで書かれなければならないのか。個人のプライバシーも何もない」(『決定版　私の角栄日記』)
佐藤昭が私人であるかどうかは置くとして、いまから40年以上前の当時は、メディアが政治家の女性問題を追及することは、いまと比べはるかに少なかった。
記事が出た後しばらく、田中角栄本人はもちろん、二階堂官房長官にもこの問題を追及する新聞記者はほとんどいなかった。

スキャンダルでついに退陣(1974年)

ただ1人、時事通信記者が角栄に「総理、文春は……」と聞いたところ、角栄は「そんなことはないッ」と一喝している。(『田中角栄失脚』塩田潮より)

記事のことは放置で構わないと考えていた角栄だったが、総理就任当初は「今太閤」ともてはやされ、62%あった支持率も、18%にまで下落しており、火がつけば政権の危機に直結する可能性は十分あった。

角栄にとっての誤算は、海外メディアだった。

日本の新聞より先に『ニューズウィーク』や『ワシントン・ポスト』が角栄の政治資金問題を報道し始める。

さらにタイミング悪く、『文藝春秋』発売2週間後に、外国特派員協会主催の会見に出ることが以前から決まっていた。

案の定、角栄はここで外国人記者から質問攻めに遭う。そして、そこで質問が出たことを報じる形で国内の新聞も「金脈」報道に参加してきた。

破れかぶれの解散も考えた角栄だったが、首相退陣を決意させたのは、娘の眞紀子が関係していた。

当時妊娠中だった眞紀子は、家庭内で父に「退陣」を要求。また、佐藤昭のほうは、もしこの問題が国会で追及されることになり、証人喚問された場合、自分の娘がどう思われるかを心配していた。それは、家族を愛する角栄にとってもっとも痛いウィークポイントだった。

記事が出てから2ヵ月後、田中内閣は総辞職する。

若きジャーナリスト・立花隆はその後、日本を代表する評論家として名を馳せることになる。また児玉隆也はこの記事が発表された翌年、肺がんにより死去している。

田中角栄伝説⑦ ロッキード事件

政治生命を奪った「5億円」と検察との攻防

『文藝春秋』が追及した「金脈」問題で総理を辞任した田中角栄であったが、誰もが近いうちに政界の中心に復帰することを信じて疑わなかった。

角栄の辞職後、党内の話し合いにより椎名悦三郎副総裁が指名したのは「クリーン三木」こと三木武夫であったが、角栄に比べればいかにも軽量であり、あくまで金脈問題のみそぎが済むまでの「暫定政権」と思われていた。

角栄は、この時期の心境をこう語っている。

「総理なんていうのは、まあ1回やれば結構だ。あれは血圧と血糖値ばかり上がる商売だ。衆議院、参議院、予算委員会と朝から晩まで缶詰にさせられる。そして、入れ代わり立ち代わり、相手代われど主代わらずで、俺を怒らせよう、怒らせようと仕掛けてくる。あれに耐えるのは人間わざじゃない。終わったらウイスキーをがぶ飲みして、ストンと寝るようにしなけりゃ身がもたん」

だがそんな角栄を、前回よりはるかに深刻なスキャンダルが襲う。いわゆる「ロッキード事件」である。

1976（昭和51）年に表面化したこのロッキード事件は、元総理である角栄の逮捕、そして実刑判決という大型汚職事件に発展し、田中角栄の晩年に最後まで暗い影を落とし続けることになる。

ロッキード事件の経緯は複雑だが大まかな流れはこうだ。

トライスター機の販売不振に苦しんでいた米ロッキード社は、全日空を含む世界の航空会社に同機を売り込むため、各国の政府関係者に巨額の賄賂をばら撒いていた。そのことが米国の「チャーチ委員会」で発覚したのが1976（昭和51）年2月である。

その賄賂は日本にも入り込み、大物右翼の児玉誉士夫を通じ、日本における販売代理店の丸紅などに渡って、最終的に当時の首相である田中角栄に5億円が渡されていた、という証言が出てきたのである。

5億円と聞けば金額は大きいが、当時、角栄が1回の選挙で動かしていたカネは100億円以上。5億円であれば、金庫番の秘書でも動かせる金額であったという。

「総理の犯罪」と大きく報道されたロッキード事件(1976年)

角栄からしてみれば「そんなことでなぜ有罪になるのか。オレはもっと大きなカネをいつも動かしている」という思いがあったに違いない。

だが、東京地検特捜部の動きは迅速だった。捜査が進むと報道合戦もヒートアップし、「金脈」問題の何倍もの報道が日本中にあふれた。

角栄は7月27日に逮捕され、受託収賄と外為法違反の容疑で起訴される。そこから、角栄の長い戦いが始まった。

思わぬ形で被告人の立場に追い込まれた角栄

は、選挙では確実に当選しながらも、表舞台からは姿を消し、検察との法廷闘争に明け暮れるようになる。

1983（昭和58）年の一審判決は懲役4年、追徴金5億円の実刑判決。そして1987（昭和62）年に控訴棄却。しかしこのとき、もう角栄は病に倒れていたのだった。

もちろん最高裁に上告したが、判決はなぜかなかなか出ない。そして1993（平成5）年、角栄はついに判決を聞かぬまま死去。公訴棄却（審理打ち切り）という結末を迎えた。

ロッキードは多くの関係者の運命をも変えた。角栄秘書官だった榎本敏夫は有罪判決が確定。夫のアリバイを崩す証言をした三恵子元夫人の「蜂の一刺し」は流行語にもなった。

天才政治家・角栄が、長期にわたって5億円の問題に振り回されたことは、国益という視点において大きな損失だったと考える関係者はいまなお多い。

田中角栄伝説⑧ 角栄と3人の女

角栄を支え続けた女たちと人生の深奥

角栄には3人の女がいた。そして、3人の女性を切り捨てることなく最後まで面倒を見た。

そのうち、神楽坂の「第2夫人」であった辻和子と、「越山会の女王」と呼ばれた佐藤昭（佐藤昭子）は、後に角栄の思い出を回想する手記を出版している。そこには、どんな側近も知りえなかった「もう1人の角栄」の姿が赤裸々に描かれている。

正妻であるはな夫人は、戦前、飯田橋に角栄が構えた田中建築事務所の家主の娘であった。

8歳年上のはなは、結婚当時31歳で、9歳になる連れ子がいた。

それでも角栄は、はなの内面に秘められた芯の強さを感じ、結婚を決意する。結婚にあたり、はなは「3つの誓い」を求めたと伝えられている。

「出て行けといわぬこと。足蹴にしないこと。将来田中が二重橋を渡るときは私を同伴すること。その3つさえ守ってくださるなら、どんなつらいことにも耐えてついていきます」

角栄は、はな夫人との間に長男・正法と長女・眞紀子をもうけるが、長男を5歳で亡くし、眞紀子は実質的にひとりっ子として育つことになった。

はな夫人は、角栄が総理大臣になっても政治色の強い会合や外遊に同行することはなく、私邸で行われるごく内輪の集まりを静かに手伝うといった、控えめな女性であった。

角栄が、外に別の家庭を持っていることを当然知っていたであろうはな夫人だが「別宅」を敵視することはなく、むしろそれを受け入れることで、角栄という規格外の人間が、日本のために最大限、力を出せるようにと割り切っていたフシがある。

角栄の2人目の妻は、神楽坂の花柳界に生き

正妻として角栄を支え続けたはな夫人

た女、辻和子であった。

戦後間もなく知り合った2人は、2男1女（娘のまさは夭折）をもうけ、角栄は息子たちを認知する。

長男の京氏の著書『絆』には、こんなエピソードが紹介されている。

兄弟を角栄が目白で引き取るという話が出たとき、はな夫人が「子どもと母親を引き離してはいけません」と反対し、結局養子入籍する形で兄弟は田中姓を名乗ることになったというのである。

自民党内で頭角をあらわし、30代ではやくも大臣になった角栄だったが、神楽坂に帰ったときには、政治の話をほとんどしなかったという。それは、角栄にとっての「オアシス」だった。

そしてもう1人、角栄に生涯寄り添った女性が佐藤昭子である。

彼女の本名は佐藤昭だが、雑誌に「越山会の女王」と書かれたことにより、昭子と改名した。

角栄の地元、新潟県柏崎市出身の彼女は、角栄の10歳年下。角栄初の衆院選を少しだけ手伝った後、結婚、離婚を経て偶然、東京で再会する。

そして1952（昭和27）年、佐藤昭は正式に角栄の秘書として働くことになったのである。

佐藤は角栄の政治団体「越山会」の資金管理を任され、多くの田中派議員に〝ママ〟と呼ばれる存在となった。また、角栄との間には一女（敦子＝認知はされていない）をもうけている。

3人の女たちは、日本を動かす角栄を支え続け、角栄はどんな障害があっても彼女たちを裏切らなかった。その節度あるバランス関係は、角栄が倒れた1985（昭和60）年、娘の眞紀子によって破壊されるまで長く続いた。

3つの家庭を守りながら、政界で暴れ続けた角栄のバイタリティーと人間力には、改めて脱帽である。

田中角栄伝説⑨

目白御殿

戦後政治史を彩った数々の名シーン

政界では、派閥の領袖や最高実力者の私邸の地名がその人物の「代名詞」となることがある。

上空から見た「目白御殿」

吉田茂は「大磯」、池田勇人は「信濃町」、佐藤栄作は「淡島」……だが、政治記者でなくとも知っている地名と言えば、やはり「目白」だろう。

連日のように陳情客が押し寄せ、年始ともなれば最盛期には1000人もの客がやってきたという目白の田中角栄の私邸。敷地面積は最大時で2575坪（約8500㎡）もあり、ときの権力の象徴として「目白御殿」と呼ばれた。

通常、陳情客や田中派の議員は敷地内にあるオフィスで角栄と面会するが、二階堂進や西村栄一といった一部の重鎮議員だけは、私邸に通されたという。ここでは夜であればかならずウイスキーがふるまわれ、政治記者たちにとっても〝目白詣で〟は必須の通過儀礼となっていた。

広い敷地のなかには池があり、そこに高価なニシキゴイが泳いでいる。下駄を履いた角栄がそこに現れると、いかにも昭和の大物政治家といったイメージを醸し出す。

もともとここは角栄の故郷である二田村旧領主の椎谷藩堀家屋敷跡だった。角栄の「故郷愛」がここにも感じられるようで面白い。過去にはここからさまざまな「名シーン」が生まれた。

1987（昭和62）年1月1日、「創政会」を旗揚げした竹下登が、恒例の年始挨拶に向かった先は目白の田中角栄邸だったが、待ち構える報道陣の前で、竹下の車は「門前払い」。弟子の裏切りに角栄の怒りは解けておらず、中に入れてもらえないという屈辱を味わった。

竹下は同じ1987年の10月にも目白を訪れ、再度「門前払い」を食らったとされる。これは当時「皇民党」の褒め殺しに苦慮していた竹下が、中止の条件に「田中角栄への謝罪」を持ち出され、自宅へ行ったものとされている。

しかし、後に田中眞紀子は「警備の警官が家族に取り次いでおらず、門前払いはしていない。竹下さんが来たことは知らなかった。外にいたマスコミに訪問したことを見せるためだけのものだったのではないか」と語っている。

また、邸宅の主である田中角栄が死去したときには、マスコミ300人、付近の住人ら1000人が集結し、自宅前の目白通りが上下とも1キロにわたり渋滞し、大混乱に陥ったこともある。

角栄の死去後、60億円以上の莫大な相続税が発生し、現金での納付が困難なため、眞紀子夫妻は敷地の一部を物納。その部分は現在、目白台運動公園となっている。

このときは、樹木を伐採し、地面をコンクリートで固める方針を聞いた眞紀子サイドが猛反発し、一時整備計画が中断する事態にもなったが、伐採する本数を減らすなどして何とか折り合った。

権力者が大邸宅を構え、派閥の政治家たちと「談義」を重ねる時代はもはや終わった。全盛期よりかなり小さくなった目白御殿の風景は、残酷な時代の流れを感じさせる。

田中角栄伝説⑩

闇将軍

「キングメーカー」が見せた権力への執念

田中角栄には時代によってさまざまなニックネームがつけられた。

「今太閤」「庶民宰相」「コンピューター付きブルドーザー」あたりまでは良かったが、晩年は「闇将軍」「キングメーカー」と政界の黒幕をイメージするものが多くなる。

ロッキード事件以降、本当の実力者は見えないところにいるという、権力の二重構造を演出したとされる田中角栄。批判を続けるメディアに対しては次のように語ったことがあった。

「人間誰しも、若いときはみんな偉くなりたいと思うものだ。しかし、そう簡単になれるもんじゃない。ひとかどの作家になるためには、ある意味で錯乱、狂気の人でなければならない。地獄の底までのぞいて、人の世の裏、表、人間のすばらしさとおぞましさを見、体験し、知っていなければ、多くの人を感動させ、後世に残るようなものを書くことはできないよ」（『田中角栄回想録』）
マスコミによって作り上げられ、増幅した「闇の権力者」のイメージに、角栄は苦慮していた。政治家である以上、田中派の若手から世代交代を求める声は自然と沸きあがってくる。「もう引退したらどうか」という声も、角栄の耳に入ってきていた。
しかし、角栄の信念は、小さな正義を退けた。
「『おやじが早く社長を辞めてくれれば……』と思っている息子もいるが、おやじの社長は『あれはまだ若い』といってなかなか辞めないものだ。それに、取引先の銀行が『息子よりオヤジのほうが担保力がある』と社長の交代に賛成しないことだってある。天の時、地の利、人の和というが、トップの椅子を占めるにはね、風雪を凌ぎ、人間を叩き上げ、衆望おのずから定まり、多数に一致して推されるというのでなければ難しい。ただ『なりたい、なりたい』だけではだめなんだ」（同）
角栄は、精神論による批判に耳を貸さなかった。議員を辞職するという考えはなく、むしろ最後まで政治家であり続けて自分のやるべきことを遂行することが「責任」の取り方だと考えていた。

しかし、闇将軍も病魔には勝てなかった。角栄がその隠然たる影響力を発揮したのは、1976（昭和51）年に東京地検特捜部に逮捕されてからの約10年間。そして脳梗塞に倒れたとき、角栄の政治生命は事実上終わった。

佐藤昭子や早坂茂三といった古くからの秘書たちと田中家の関係が切れたこともあり、その後、1993（平成5）年に死去するまでの角栄の「肉声」はほとんど外部に伝わっていない。

角栄の没後、その政治手法は「時代の産物」として徐々に解体され、その意味において角栄は完全に「過去の人」となった。

しかし、角栄が目指した政治の「原点」と人間に対する洞察力、観察力は、長く仕えた秘書や関係者らの手によって「思想」の領域にまで高められ、イズムとして生き残っている。その輝きはいまなお色褪せることはない。

File.8

角栄は「虎の尾」を踏んだのか

田中角栄と「ロッキード事件」「アメリカの陰謀」説を追う

日本中を揺るがせた田中角栄逮捕の日から40年余。「角栄ブーム」のなか、戦後最大の宰相が「失ったもの」と「失わなかったもの」を考える。

「戦後最大の宰相」田中角栄が、外為法違反の容疑で東京地検特捜部に逮捕されたのは1976（昭和51）年7月27日のことである。

政界に衝撃が走ったあの「衝撃の1日」から40年あまりの月日が流れた。

昨今の「田中角栄ブーム」ともあいまって、ジャーナリズムの間では、このロッキード事件を再検証する企画が花盛りである。

一体あの事件の「本質」とは何だったのか。それを語るうえで近年、さかんに指摘されているのが「角栄はアメリカの虎の尾を踏んだ」という説だ。

もし、角栄が「仕組まれた事件」によって政治生命を奪われ、それが結果として日本の戦後史に大きな方向付けを与えたならば、それを国民はどう理解すれば良いのか。それがロッキード事件の謎をめぐるテーマである。

角栄は1974（昭和49）年、「金権政治」との批判を受け総理退陣を余儀なくされた。

追及したのは、後に著名なジャーナリスト、評論家として名を馳せることになる立花隆氏らである。

しかし、そうした「金権」批判以外のところで何か「大きな力」が働いていたとしたら――それは、歴史における田中角栄の「評価」に大きく関係してくるか

東京地検特捜部に逮捕された田中角栄（1976年7月27日）

もしれない。

いまでこそ再評価の兆しが見られる田中角栄であるが、1976(昭和51)年の逮捕以降、角栄はジャーナリズムの標的であり続け、被告人のまま死去した角栄には「灰色の政治家」とのイメージが定着していた。

角栄という人間が生来持っていた面白さ、人情、義理堅さと言った人間的美徳は、このロッキード事件以降は評価の対象外となり、角栄の魅力を熟知する人々にも、その発表の場はほとんど与えられなかった。

その良し悪しは置くとして、ここでは「アメリカが角栄を失脚に追い込んだ」という説は、いかなるものなのか、それを分かりやすく整理してみたい。

事件から40年が経過し、言葉としてはよく耳にする「ロッキード事件」なるものが、そもそもどんな事件だったのかを正確に理解している日本人はそう多くないと思われる。

仮に事件がアメリカの「陰謀」であったとしても、それによってロッキード裁判で認定された外形的事実が変わるわけではなく、関係者の人生に影響を与えるものではない。

しかし、こういうことは言える。本当に、国家を揺るがすような重大な事件の

「真相」というものがおおむね明らかにされるには、少なくとも40年、50年といった長い時間がかかるということだ。

「ロッキード事件」はまさにいま、そうした「重要な時期」にさしかかっているのかもしれない。

米ロッキード社の「実弾」による売り込み工作

ロッキード事件とは、米国「ロッキード社」（当時）の大型航空機の売り込み工作をめぐる大型贈収賄事件である。

当時、ロッキード社はトライスター機の販売不振に苦しんでおり、事態を打開するため全日空を含む世界の航空会社に巨額の賄賂をばらまいていた。

そのことが米国の上院多国籍企業小委員会、通称「チャーチ委員会」で露見した。1976（昭和51）年2月のことである。

チャーチ委員会では、ロッキード社から日本へ多額の工作資金、つまり賄賂が流れていたことが明らかにされた。

これを受け、日本の捜査当局は本格的な捜査を開始。大物右翼として知られた児玉誉士夫を通じ、販売代理店の商社・丸紅などを経由して、最終的に当時の首相であった田中角栄に5億円が流れたという疑惑が浮上したわけである。

この事件では重要な証言者が2人いた。

ロッキード社の元副会長、アーチボルド・カール・コーチャン。

そして同社元東京事務所代表のジョン・ウィリアム・クラッターである。

ロッキードから丸紅、そして田中角栄へ渡ったとされる「5億円」について、コーチャンとクラッターはそれを認めた。

しかしその調書を確保するにあたり、日本の検察は日本で彼らを起訴しないという確約を意味する「免責不起訴宣明書」を作成した。

その結果、彼らは「5億円」の資金提供を認めたのである。

この証言は一審、二審で証拠として認められた。そして角栄は最高裁判決を前に死去している。

しかし、最高裁は別の被告のロッキード裁判で、彼らの証言の証拠能力を否定した。免責されると保証されている状況の証言は証拠にならないというわけである。

結局、角栄が否定し続けた「5億円の受領」は事実だったのか、それともデッチ上げだったのか。この論争はいまなお決着していないのである。

当時から「陰謀」を感じていた「石井一」

逮捕から6年後、コーチャンらの「5億円証言」によって、角栄には懲役5年、追徴金5億円という求刑が言い渡された。

しかし、これに憤慨した議員がいた。当時、自民党の田中派議員だった石井一(当時48歳)である。

石井は近年、ロッキード事件に関する考えをまとめた冊子を関係者に配布している。それらによれば、石井は当時、米国の弁護士に依頼し、コーチャン証言を証拠採用する問題点について確認しあった。

石井はそもそも、チャーチ委員会でなぜこの話が明るみに出たのか、その点について疑問を持っていた。

チャーチ委員会には関係者しか知りえない資料が送りつけられていたが、そこには何らかの「意図」があったとしか考えられなかった。

そして、チャーチ委員会で話が出てから恐ろしく早いスピードで日本の捜査機関が捜査に着手したのはどうしてだったのか。当時の三木武夫首相は、わざわざフォード大統領に捜査への協力を要請する手紙を送っている。

ここからは、角栄の政治的失脚を狙って、三木が積極的な捜査を検察に促したのではないかという仮説が生まれてくる。

日本だけでなく米国側から日本の検察に圧力をかけるのが極めて有効と判断した石井は、角栄にアメリカの弁護団を参戦させるよう、頼み込んだ。

だが、意外にも角栄の返事はこうだった。

「いや、アメリカの弁護士は断ってくれ」

どうしてですかと食い下がった石井だったが、角栄は明確な理由を示さなかったという。

無罪になる自信があったのか、それとも米国側の弁護士は信用できないと考えたのか——結局、一審判決では検察側の求刑に近い、懲役4年、追徴金5億円という実刑判決が下された。

アメリカが角栄を潰しにかかった理由

ここで、アメリカ側が角栄の政治的失脚を狙った「理由」について、指摘されている主要な説に触れておきたい。

まずひとつが角栄の成し遂げた「日中国交正常化」である。

1972（昭和47）年、総理大臣に就任した角栄は同年9月、電撃的に訪中し、毛沢東、周恩来らと直接交渉して日中国交正常化を成し遂げた。

角栄はその1カ月ほど前、ハワイにおける日米首脳会談の席で、事前にこの中国との国交正常化計画をアメリカ側（ニクソン大統領）に伝えていた。

ちなみに、このハワイにおいて、アメリカ側がすでにロッキード社のトライスター機購入を日本側に持ちかけていたとの説が根強くあるが、確実な証拠はない。

しかし、アメリカ側が角栄の「日中国交正常化」の動きに「不信感」を抱いたのは間違いないことで、これは当時のアメリカの外交文書でも確認できる。

戦後、日本はアメリカにひれ伏してきた。しかし、どうも角栄という男はそうではないようだ。そのことにアメリカは気付いた。

あの日中国交正常化に見られたような角栄の圧倒的「行動力」は、アメリカに警戒感を抱かせたというわけである。

もうひとつ、アメリカ側が懸念していたのは角栄の「資源外交」だ。

1973（昭和48）年に起きた石油ショック。角栄はアラブ諸国寄りの政治姿勢を見せたが、ここでイスラエルを支持してきたアメリカ側と対立構造が生じる。米国の石油メジャーが、これまでの日本の総理大臣とは明らかに異なる行動パターンを見せる角栄の動きを牽制しようとした。これも「虎の尾説」の根拠となっている。

事件発覚時の総理大臣だった三木はその後、いわゆる「三木おろし」と呼ばれた田中派を中心とする倒閣運動によって退陣を余儀なくされる。

角栄は被告の身分となったものの、逆に水面下で隠然と政界を支配する「闇将軍」へと変貌していった。

当時、角栄がこの事件の構図をどう認識していたか。

5億円の受け取りが事実であったかどうかは別として、人為的にこの情報がリークされ、角栄失脚のシナリオが描かれていたのかそうでないのか。その点について、当時目白の私邸で角栄と「サシ」で話ができた記者や政治評論家のなかには、角栄がはっきり「アメリカにやられた」と口にしたのを聞いた人が何人もいる。

また、角栄との間に子どもをもうけた神楽坂の芸者、辻和子もロッキード事件で逮捕された角栄が、戻ってくるなり「アメリカのせいで……」という単語を発したとはっきり証言している。

もっとも、角栄がどうして「アメリカにやれらた」と確信するに至ったのか、それについて本人が語った記録はない。

かりにアメリカが罠を仕掛けたとしても、5億円の収賄が事実だとすれば、これは「有罪」となるわけだが、そもそも、このトライスター機の話が最初からカネを受け取らせ、摘発させるためのシナリオだったとすれば、それは壮大な話である。

ロッキード事件の原型は、独自の政策に打って出る角栄を押さえつけたいアメリカの思惑と、日本における「反田中」の思惑。それが一致した「日米合作」だったという説は、それほど荒唐無稽なストーリーではないだろう。あとはそれを裏付ける資料や証言が、今後どれだけ出てくるのかが問題である。

「角栄潰し」によって日本は国益を損なったか

新潟の貧しい雪国で育った田中角栄は、戦後初めて、非エリートの叩き上げ総理として、国民に熱狂的な歓迎を受けた。

官僚政治に嫌気が差していた国民にとって、言葉と言動にリアリティがあり、人間味にもあふれた「角さん」は親しみやすい庶民派総理であった。

だが、当時は時代の「変わり目」だった。

周知のとおり、角栄には総理大臣になる前から愛人や隠し子が複数存在したが、それを追及するメディアは皆無だった。

しかし1974（昭和49）年に月刊誌『文藝春秋』が角栄の金脈とともに、金庫番であり角栄のパートナーでもあった〝越山会の女王〟こと佐藤昭子の素性について報じたとき、角栄は「これ以上、佐藤や自分の家族を苦しめたくない」との思いから、あっさりと総理退陣を決意したのである。

何事も程度問題とはいえ、それまで許されてきた政治家のふるまいが、その報道を境に許されなくなった。それが「金脈報道」がもたらしたもうひとつの意味

アルコールに依存するようになった晩年。角栄の肉体は蝕まれていた

合いである。

あれほど高い支持率を誇っていた角栄は、ロッキード事件以降「悪の枢軸」と見なされ、少しでも角栄を擁護したり、同情したり、肩を持つような報道をすれば、その記者は「ジャーナリスト失格」との烙印を押されてしまうような、そんな状態が長く続いた。

ヒステリックな報道に耐え続けていた角栄だったが、そのストレスは並大抵のものではなかったに違いない。

竹下登の「裏切り」に激しく反発した角栄

長いロッキード裁判を闘いながら、角栄は検察側に圧力をかけるため、法務大臣に田中派議員を送り込むなどして徹底抗戦を続けた。

しかし、そこで噴出したのが、竹下登の「創政会」設立である。

いつまでたっても田中派から総理大臣候補を出せない、角栄の後継者も決まらないという状況に、竹下はついに動いた。しかし、角栄はそれを認めなかった。

角栄のストレスは最高潮に達した。毎日、朝からウィスキーのオールドパーをストレートで飲む。

1985（昭和60）年2月、角栄は脳梗塞で倒れ、都内の病院に入院したが、結果的にこのとき、角栄の政治生命は途絶えた。

言語障害が残った角栄は意志の疎通が困難になり、その後は基本的に誰とも会わない状態が続き、1990（平成2）年に政界を引退する。

この間、ロッキード裁判の二審判決は角栄の控訴を棄却し、一審判決を支持。そして1993（平成5）年、角栄の死により、裁判は上告審の途中で公訴棄却となった。角栄の秘書だった早坂茂三は、「まるでオヤジの死を待っていたかのように最高裁が公訴棄却した」と表現したが、日本の裁判所が「首相の犯罪」を確定させることを躊躇したのかどうか、確かめる方法はない。

角栄という天才政治家が、「仕掛けられた罠」によって失脚したのだとすれば、それは当然、角栄本人にとってみれば痛恨の極みであっただろう。

また、類稀なる実行力の持ち主であった角栄が、多くの労力を裁判対策に取られ、政治家として日本を良くするという前向きな仕事に向き合えなかったことは、日本国民にとっても残念なことであったと思われる。

しかしいま、角栄の残した思想や言葉、そして数々の仕事には再び光が当てられ、高く評価されている。

時代を超えて伝わってくる、角栄のダイナミズムとスケール感は、何かによって抹殺されることなく、国民の共有財産としてしっかりと受け継がれているのである。

File.9

「東洋の巨人」の知られざる私生活と「王道プロレス」の実像

いまだ墓のない「ジャイアント馬場」の封印された半生

戦後日本を代表する大衆文化「プロレス」で、アントニオ猪木とともに一時代を築いたジャイアント馬場。だが、没後20年近くになるいまもその墓はなく、自ら創設した「全日本プロレス」は事実上崩壊した。「リングの王者」のミステリアスな半生とは――。

力道山を源流とする日本のプロレスは、戦後日本を代表する大衆文化であると同時に、復興と繁栄の時代を映し出す鏡でもある。

力道山が１９６３（昭和38）年に39歳で死去した後、ジャイアント馬場とアントニオ猪木が同時期にそれぞれ新団体を設立。

その後、「馬場・猪木時代」が到来し、約30年間にわたって馬場の「全日本プロレス」と猪木の「新日本プロレス」がライバル団体として激しい興行戦争を繰り広げた。

しかし、一方の雄であったジャイアント馬場は１９９９（平成11）年、現役のまま61歳で死去。そして馬場が創設した「全日本プロレス」はいま、その看板こそ消滅していないものの、かつての原形をとどめてはいない。

「全日本プロレスにはもはや馬場とまったく関係のない団体となっています」

とプロレス誌記者が語る。

「馬場が世を去った翌年には全日本を支えたかつてのエース・ジャンボ鶴田も死去した。その後三沢光晴ら大半の選手が全日本を離脱して新団体『ノア』を設立。全日本はライバル・新日本プロレスのエースだった武藤敬司を後釜の社長に招聘し、10年ほど〝武藤・全日本〟の時代が続きました。しかし、経営は常に綱渡りの状態で好転せず、ついに武藤は２０１３（平成25）年に全日本を放り投げ、別の団体を設立してしまった。その後は山形県のケーブルテレビが親会社となって建て直しを図ったりしたのですが、有力選手の退団が止まらず経営から撤退。もはや団体の体をなしていない状態です」

また、実質的に全日本プロレスを継承した三沢光晴の『ノア』も、現在の状況は全日本と大差はないという。

「２００９（平成21）年に大黒柱の三沢が試合中の事故で急死してから一気に経営が傾いた。日本テレビによる地上波中継も打ち切られ、その後暴力団関係者による巨額詐欺事件の舞台となっていたことなどが発覚して、取引先がいっせいに離れた。すでに法人としてのノアは一度破産しており、団体はいつ潰れてもおかしくない」（同）

かつて「王道」と呼ばれたジャイアント馬場のプロレスはいま、名実ともにこの世から消え去ろうとしている。そして、そのことを憂える業界関係者も見当たらない。

前出の記者が語る。

「プロレス界の巨人であった馬場さんですが、その交友関係はそれほど広くはなく、タニマチ付き合いも一切していなかったため、その私生活を知る人は元子夫人をはじめごく限られた人間しかいませんでした。また、現役時代から限られたプロレス記者以外に心を開くことはなく、そうした関係者の多くが鬼籍に入ったいま、ジャイアント馬場の実像はファンの前に明かされぬまま、歴史の狭間に封印されようとしているのかもしれません」

いまだに「遺骨」を夫人が管理

馬場が死去してすでに20年近くが経過しようとしているが、いまもってその「墓」がないことは業界内で広く知られた話である。

遺骨は元子夫人が手元で管理しているとされ、ファンが花を手向ける聖地といったものも存在しない。

また、ジャイアント馬場に関する評伝の類は本人の知名度、足跡を考えれば極端に少ない。アントニオ猪木の半生が、実にさまざまな形で記録に残されているのとは好対照である。

オフィシャル的な自伝としては１９８７（昭和62年）年に上梓された『王道

ごく限られた記者にしか素顔を見せなかった馬場

十六文』（ジャイアントサービス）があるが、内容的には低調で、プロレスラーとして、あるいは経営者として、虚飾のない人間・馬場正平の心象風景を描いた作品とはとても言い切れない。

しかし、見方を変えれば同書は馬場の生き方を象徴しているとも言える。

版元のジャイアントサービスは通常の出版社ではなく元子夫人が代表をつとめる「身内」の会社であり、制作に関わったのは、馬場が心を許していた数少ない古参プロレス記者の1人である菊池孝氏（故人）だった。

これは読者に対し、知られざるジャイアント馬場の実像を伝えようとした本というよりも、あくまで本人のイメージを守るための、いわば馬場と元子夫人のための本だったのである。

1980年代から90年代前半にかけ『週刊プロレス』の編集長をつとめたターザン山本氏が語る。

「僕が1977（昭和52）年にこの業界に入ったとき、すでに大御所だった菊池孝さんが、天下の馬場さんのことを〝馬場ちゃん〟と呼んでいるのを見て、この人には永久にかなわないと思った。もし、馬場さんが生きているときに取材して何かを書こうとしたら、それは馬場さんと元子さんの意向に完全に沿うものでしかあり得なかった。だから馬場さんの実像を後世に伝える本というのは事実上存在しないんです」

リングに立ったときの巨大な存在感とは裏腹に、内に秘められたままの私生活と生きざま。そのコントラストを演出してきたのは、ひとえに元子夫人の存在が大きかったという。

山本氏が続ける。

「2人はお互いにこの人しかいない、というまさに世界にたったひとつしかない錠前のような関係だった。それはプロレスという世界では極めて異例のことだったけれども、元子さんはさまざまな思惑を抱いて馬場さんの元に集まってくる有象無象の人間をすべてブロックする役回りだったんです。新幹線の隣の席に座った人に話しかけてタニマチにしてしまう猪木さんとはまったく反対だよね。元子さんのなかではまだ馬場さんは生きている。遺骨を手離さないのも、墓など作ったら完全に過去の人になってしまうし、まだ生きている馬場さんをいつまでも守りたいという気持ちが続いているんですよ」

〞2人で1人〟の存在だったジャイアント馬場と元子夫人。その物語はまだ終わっていなかったのである。

「明石キャンプ」における運命の出会い

ジャイアント馬場と元子夫人（旧姓・伊藤）の出会いは1950年代にさかのぼる。

馬場が読売巨人軍に入団したのは1955（昭和35）年のこと。当時の巨人は兵庫県・明石市をキャンプ地としており、そこに地元出身の元子夫人が足を運んだのがきっかけだった。

馬場のプロ野球時代は不運の連続だった。

入団後、2軍で好成績をあげていた馬場は入団3年目となる1957（昭和32）年に1軍初登板を果たし、巨人が優勝を決めた後の消化試合で初先発に抜擢される。

後楽園球場で10月23日に行われた対中日25回戦。しかし、その日はただの消化試合ではなかった。

中日の先発は「フォークボールの神様」と呼ばれた杉下茂。そして杉下はこの試合に通算200勝がかかっていたのである。

プロ入り初先発のマウンドに上がり、意気込んだ馬場は全力の投球を続け、5回1失点と好投する。

しかし、中日1点リードの場面で代打を出され交代。その後、リリーフした〝ジプシー〟こと後藤修と、この年新人王を獲得する藤田元司（後に巨人監督）は中日打線のメッタ打ちにあい、終わってみれば10対0。杉下は完投で、めでたく記念の200勝を飾った。

前出の山本氏は、後年、馬場と親しい関係を築いた際に馬場本人から笑い話としてこう聞かされたという。

「あのとき先輩投手から怒られたんだよ。お前、本当に分かってんのかと」

すでに巨人の優勝が決まっている消化試合。2軍選手だった馬場をあえて200勝のかかった杉下にぶつける。分かりやすく言ってしまえば「うまく負けて来い」という試合である。

だが、そこで若かった馬場は空気を読まず無駄に好投してしまう。慌てて監督は投手を交代させ、藤田が「仕事」を果たした——そんなエピソードである。

「これも馬場さんから聞いた話ですが」

と山本氏。

「当時、巨人の2軍選手が集まって、申し合わせをしたというわけです。『コーチや監督にお中元やお歳暮を贈るのは、実力主義のスポーツの世界になじまないので一切やめよう』とね。純粋で世間知らずだった馬場さんは、バカ正直に贈り物をやめたが、馬場さん以外の選手は全員、お中元、お歳暮を贈り続けていたんですよ。いかに馬場さんが人間社会というものを知らなかったかという話だけど、そういった馬場さんの話はどこも書いてない。なぜなら、もし馬場さんの言ったことをなんでもすぐに記事にしたら、あっという間にガイにされる（疎外される）。もう信用ならんというわけで馬場さんは自分から遠ざけるわけです」

馬場は1959（昭和34）年オフをもって巨人を解雇され、大洋ホエールズ（現・横浜DeNAベイスターズ）に移籍するが、宿舎の風呂場で転倒し左ヒジを痛めたことから球界引退を決意。プロレス界に転身するのである。

元子夫人との関係は続き、日本プロレス時代の1966（昭和41）年に婚約。1971（昭和46）年には密かにハワイで挙式が行われ、馬場が1972（昭和47）年に全日本プロレスを設立する際には、元子夫人の実家から多額の金銭提供があったという。

もっとも、この時点では馬場と元子夫人は正式に籍を入れていない内縁関係であり、ジャイアント馬場にパートナーがいること自体、プロレスファンには伏せられていた。

2人が正式に入籍し発表されたのは1982（昭和57）年のことだった。

「憎まれ役」を買って出た元子夫人

全日本プロレスのエース兼社長として君臨するジャイアント馬場。

だが、その陰には常に元子夫人の姿があり、グッズやライセンス関連のビジネスを取り仕切る全日本プロレスの関連会社「ジャイアントサービス」が元子夫人の牙城だった。

「２人で１つ」の世界を共有していた馬場と元子夫人

「子どものいなかった元子さんは全日本の巡業にすべて帯同し、リング外のあらゆることに目を光らせていた。業者やリングスタッフを厳しく叱責するし、僕らマスコミの記者に対してもきつい物言いをするので、選手を含めてほとんどの人が〝馬場さんは好きだが元子さんは……〟という思いを抱いていたはず。元子さんが唯一敬意を払っていたのは、菊池孝さんや東京スポーツの幹部だった櫻井康雄さん、老舗専門誌『ゴング』編集長の竹内宏介さん（故人）など、日本プロレス時代から馬場さんを知っている重鎮記者たちで、僕らのような末端記者はまともに相手にしてもらえなかったね」（山本氏）

だが、あえて元子夫人が嫌われ役、ヒールを引き受けたことで、不満の矛先が馬場に向かうことなく、そのことが全日本プロレスの経営安定に寄与したという側面も見逃せない。

当時の全日本の選手たちの「不満」は、意図的に悪役を演じた元子夫人に吸収され、結果的に馬場を守る役割を果たした。これも形を変えたひとつの「愛」であったのかもしれない。

当初は馬場夫妻から相手にもされなかったというターザン山本氏だが、80年代後半に当時勢いを伸ばしていた『週刊プロレス』（ベースボール・マガジン社）の編集長に就任すると、徐々に潮目が変わり始める。

それまでの古参記者を押しのける形で、首都圏のビッグマッチ後、キャピトル東急ホテル（現ザ・キャピトルホテル東急）のラウンジ「オリガミ」に押しかけると、馬場夫妻と和田京平レフェリーが必ずそこにいた。
「ただ食事をするだけなんだけど、自分から懐に入り込めば、拒絶はされなかった。そして何より当時の『週刊プロレス』は専門誌として異例の大部数を発行していたし、加えて全日本プロレスは猪木さんの新日本に興行戦争でまったく勝てなかった。馬場さんは完全にビジネスとして僕を取り込み利用しようとしたし、僕もそれを承知で接近していった」（山本氏）
やがて山本氏はメディアの立場にありながら全日本のマッチメークについてまで馬場に「意見」するアドバイザー的存在となり、蜜月の時代は数年間続いた。
「僕が馬場さんと親密になる前まで、猪木ファン、新日本のファンから馬場さんはひどい言われ方をしていた。〝アッポー〟とかスローモーな動きを揶揄されたり、ビートたけしも〝飛行機の翼に手を入れてた〟とか、馬場さんの体が大きいことをさんざんネタにしていたわけ。僕はそうした世間に対して、馬場さんと全日本を再評価してやりたかった」（山本氏）
全日本は当時主力選手だった天龍源一郎の離脱や、絶対エースだったジャンボ鶴田が１９９２（平成４）年にＢ型肝炎を発症し第一線から離脱するなど危機の連続だったが、そこで三沢光晴ら若手が台頭し、逆に黄金時代を築き上げることに成功する。
「それでも選手の間に不満はあった。新日本のようなマイクパフォーマンスは許されなかったし、馬場さんはバラエティ番組やCMに出演しているのに所属選手は禁止。ラッシャー木村に単行本の出版企画が来ても、馬場さんより目立つのは認められないという理由だけで却下された。こうした不満がことごとく元子さんのほうに行くわけです」（山本氏）
その後、新日本プロレスから取材拒否を通達された『週刊プロレス』が凋落し、山本氏が編集長を辞任すると、馬場夫妻との関係も自動的に終焉を迎えることになった。
馬場の死去後、三沢光晴ら所属選手がすぐに元子夫人と対立し、ほとんどの選手が全日本を離れ三沢についていったことは必然の流れだったのかもしれない。

「評伝」が残されなかった理由

既に述べたように、馬場は決定版と言えるような自伝を残さぬまま他界した。

元子夫人によって書かれた『ネェネェ馬場さん』（講談社刊、2000年）も、例によって故人に不都合な情報は一切省かれた超私的ラブレターであるため、プロレス史の文献としても、ひとりのスターの評伝としても評価できるものではない。

山本氏が語る。

「元子さんがもし、客観的な馬場さんの実像を語ったり、あるいはそれを誰かに取材させて自由に書かせたりすれば、その瞬間に馬場さんは元子さんのものではなくなってしまう。その防衛本能と恐怖感から、馬場さんはいまも唯一秘密を共有した元子さんによってプロテクトされている。唯一、リング上における馬場さんの試合の記憶だけがファンにとっての財産であり、歴史であるわけです。ただそれは、良い悪いの問題ではなく、天国の馬場さんも望んでいたことだったんじゃないかな」

プロレスというジャンルにはその始まりから「所詮は八百長」という世間の〝偏見〟との闘いがあった。

アントニオ猪木は「プロレスこそ世界最強の格闘技」というスローガンのもと、いつ、どこで、誰の挑戦でも受けると豪語し「プロレスは八百長などと決して言わせない」と世間に打って出る、そうした生き方で多くのファンを獲得してきた。

しかし、馬場のスタイルは猪木と正反対だった。

「特に言葉による自己アピール、自己表現というものを嫌ったのが馬場さんという人だった。選手は無言で試合をして無言で終わらなければいけないし、プロレスがあらかじめ結末の決まっている八百長と言われても、それに言葉で反論することは許されないと考えていた。それが、馬場さんの実像が伝わらない理由のひとつでもあったわけです」（山本氏）

馬場は囲み取材でまれに新人の記者を見つけると、旧知の記者に「あれはどこ（の社）？」と必ず聞き、マスコミと分かってもそんなときには決して本音を言うことはなかったという。

「プロレス記者ってのは社会部の記者と違うんだよ」

少し人間関係ができた記者に、馬場はこう言っていた。

「プロレスの秘密を本気で暴かれたらひとたまりもないということを、馬場さんはよく理解していて、守りの姿勢を固めたわけです。猪木さんは逆に『プロレスにだって市民権はある。真剣勝負であることを証明する！』と攻めに出たわけで、ここでも2人は正反対だった」（山本氏）

馬場が現役時代、困ったこととしてあげていたのが「1文銭」を持ってくるちびっ子ファンだったという。

馬場の代名詞「16文キック」は足のサイズから来ているとされていたが、本当にそうなのか、一文銭で確かめたいというわけだ。

この「16文キック」については、当時米国で購入した靴に「16」のサイズ表示があったのを当時の新聞記者が「16文」と誤認して命名したといわれており、実際のサイズは「約14文」だった。しかし「16文」を信じている子どもに本当のことを説明することはできない。

プロレスがファンタジーに包まれていた時代ならではのエピソードだが、こうしたいくつかの逸話がファンの間に広まったのも、馬場が死去してからのことであった。

プロレスの幻想を維持するためなら、平気でウソをつくことも許されると割り切っていた猪木と、そうでなかった馬場。2人の違いはこんなところにも見て取れる。

管理された「馬場伝説」が完結する日

現在の全日本プロレスは、団体の屋号こそ残っているものの、実質的にはジャイアント馬場と無関係の団体になっており、元子夫人もその経営に一切関与していない。

冒頭のプロレス記者はこう語る。

「馬場さんが亡くなった直後は、私財を投げ打ってまで全日本の看板を守った元子さんですが、かなり前に健康を害したこともあって、いまはもう団体の存続にそれほどこだわっているわけではない。もし近いうちに全日本がその看板を降ろすことがあったとしてもそれを淡々と受け入れ、在りし日の馬場さんの思い出とともに、静かに余生を過ごすものと思われます」

元子夫人は毎年、馬場の命日に当たる1月31日、思い出のザ・キャピトルホテル東急に関係者を招き「偲ぶ会」を開催してきた。

毎年、偲ぶ会に出席している関係者が語る。

「2015年は『偲ぶ会』の後、後楽園ホールで全日本プロレスのジャイアント馬場17回忌追善興行が行われたため、元子さんもいつもの年より気が張っているように見えた。しかし、最近はもう老いは隠せない。いつも今年が最後になるかもしれないという気持ちで出席していますよ」

もっとも、仮に団体が消滅したとしても、究極の「殉愛」を体現した馬場夫妻の絆にはまったく影響しないであろう。ファンにとってできることは、ひたすら信念を貫いた元子夫人の姿をただ見守り、記憶することだけなのかもしれない。

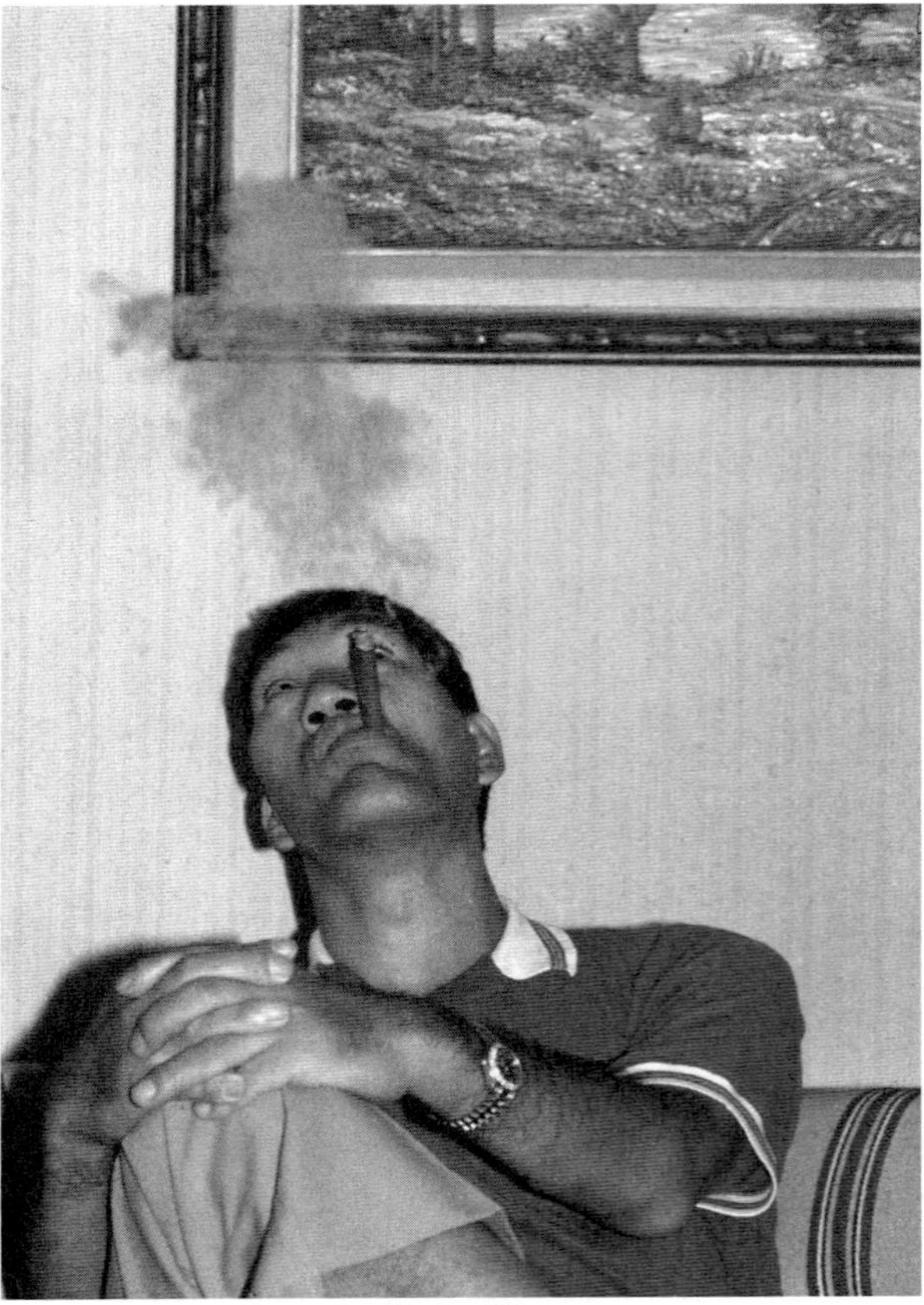

ファンの前から隠され続けた人間・馬場正平の肖像

File.10

戦後史を彩った女たちの事件簿

【昭和芸能界秘録】女たちの「いちばん長い日」

原節子・美空ひばり・吉永小百合・大原麗子・岡田奈々・山口百恵・松田聖子・中森明菜・高部知子・林葉直子

大衆の心をつかんで離さない美しきヒロインたち。いまも語り継がれる「あの事件」を秘話とともに発掘する。昭和黄金期の日本を映し出す10の物語。

①原 節子（女優）

半世紀に及んだ隠遁生活と謎の引退劇

昭和を代表する女優、原節子（享年95）の訃報をメディアが報じたのは、死から2カ月以上が経過した2015（平成27）年11月のことである。

「亡くなったのは9月5日のことでした」

と全国紙の文化部ベテラン記者が語る。

「彼女の近況については、週刊誌などが定期的に伝えてはいましたが、鎌倉の自宅に住んでいて、ほとんど外出はしないが元気だという以外の情報はありませんでした。そうした取材に対応していたのは、もっぱら同じ敷地内に住んでいた甥夫妻です。近年、キー局や全国紙が、特番や正月用の紙面で日本映画史の生ける伝説である彼女のインタビューを実現しようと企画していました。実際に動いた社もあったと聞きますが、本人が表舞台に出ることはありませんでした」

原節子（本名・会田昌江）は1920（大正9）年横浜生まれ。戦前から戦後の日本映画黄金期に活躍。日本人離れした長身と大きな瞳はあくまで華やか、それでいて感情表現には日本的な抑制が備わっており、憧れるなといっても無理な存在、それが原節子だったのである。

だが、日本映画界の隆盛がピークを迎えた1962（昭和37）年、原は『忠臣蔵　花の巻・雪の巻』（稲垣浩監督）で大石内蔵助の妻・りくを演じたのを最後に銀幕から姿を消した。

そして翌1963（昭和38）年、何度もコンビを組んだ小津安二郎監督（享年60）の通夜に姿を見せたのを最後に、一切マスコミの前にも姿を見せなくなった。

伝説的な人気を誇る原節子

そのとき原は43歳だった。
「それでも彼女はしばらく、自宅周辺を散歩したり、買い物に出たりすることはあったようで、近所の住民には目撃されています。しかし、1994（平成6）年に東京・狛江市の土地を売却し、いわゆる長者番付にその名前が載ったことから取材が再燃し、鎌倉の自宅の周囲にカメラマンが張り込むようになった。そのころから、彼女はほとんど外出しなくなったとも聞いています」（前出の記者）

もっとも、原節子を密かに狙うカメラマンはそのはるか前から存在していて、『週刊文春』は１９７９（昭和54）年、当時59歳の原節子の姿をはっきりとらえているし、その後別の週刊誌が自宅の垣根越しに彼女の姿をとらえている。

まるで幻の生物を狙うかのような取材だが、そうした強引な手法による報道も近年は途絶えていた。

忽然と姿を消した「永遠の処女」。その理由をめぐって、さまざまな憶測が乱れ飛んだ。

「老いていく姿を人前に晒したくないと考えていた」

「撮影用のライトで白内障を患い、健康上の理由で引退を決意した」

「戦前の国策映画に出演していた自分の責任を強く感じており、けじめをつけるべきだと考えていた」

しかし、何より説得力を持ち、一部のファンの間では定説のように語られているのが小津安二郎監督への「殉愛」である。

原節子の代表作としてあげられることの多い１９５３（昭和28）年の『東京物

語』は、小津監督にとっての代表作でもあり、実際にその前から2人の「結婚」の噂は度々話題になっていたのである。

独自の世界観を持ち、娯楽映画より格上とされる「芸術作品」の評価が下される小津作品。

その主人公を演じる原節子が、監督へのオマージュを抱くのは自然な話だったと思われるが、そこでみだりに愛に突き進むことは、原節子の貞淑が許さなかったのかもしれない。

小津の死によって、原が女優を続ける意味を見失ったと考える人は多いが、その「真相」は歴史のなかに封印されてしまった。

愚者は語り、賢者は黙する――かくして、原節子の伝説は完璧な形で完結した。

②美空 ひばり（歌手）

衝撃の「紅白落選」と意地のワンマンショー

国民的歌手として活躍していた美空ひばり（当時36歳）が「紅白落選」の憂き

目にあったのは1973（昭和48）年のことである。

紅白にはそれまで16年連続出場（通算17回）。トリも13回つとめた若き大御所のひばりが落選した直接の理由は、実弟のかとう哲也（故人）の「黒い交際」問題だった。

前年の紅白視聴率は80・6％。ほぼすべての日本人が視聴する国民的番組からの「排除」が決まったとき、大阪・梅田コマ劇場にいたひばりの母・加藤喜美枝はこう言い放ったという。

「お嬢を何だと思ってるんだろうね……」

この年、かとう哲也が山口組系益田組の舎弟であることが報じられ、その後かとうは賭博や脅迫容疑で逮捕される。10月には読売新聞が「ひばりの車が暴力団の法事に使われていた」と報道。すると、これまで公然の秘密であったひばりと山口組三代目・田岡一雄組長の関係を次々と書き立てられ、公共放送のＮＨＫは、ひばりを紅白に出すわけにいかない状況になったのである。

当時を知るベテラン芸能記者が語る。

「1964（昭和39）年、小林旭との離婚記者会見の際、田岡組長がひばりの横に堂々と座っていたことはあまりにも有名ですが、当時はそれが問題になることはなく、実際に紅白にも出場していた。いままで許されていたことが許されなくなった、時代の潮目が変わった瞬間でした」

だが、ひばりサイドは紅白落選に決して納得しなかった。

〈人が何と言おうと「我が道」を行く〉

〈私は雑草です。ツバをかけられ、踏まれれば、それだけ強くなっていきます〉

（『サンデー毎日』12月30日号）

田岡組長のバックアップを受けていた「歌姫」美空ひばり

週刊誌の手記で力強く宣言すると、郷ひろみが初出場した紅白歌合戦の裏番組に組み込まれた「美空ひばりワンマンショー」（NET＝現・テレビ朝日）で16曲を歌ったのである。
前年80％を超えていた紅白の視聴率は75・8％と5ポイントも下がった。まさにひばりの「意地」だった。

「当時、ＮＥＴにはひばりが所属していたコロムビア・レコードの冠番組があり、最初からひばりには協力的でした。もちろん批判はあったと思いますが、世間では〈弟の問題でひばりは関係ない〉とＮＨＫの対応を批判する声もかなりありましたので、思い切って放送に踏み切ったのでしょう」（前出の記者）

翌年、一連の事件のほとぼりが冷めてもひばりはＮＨＫを許さなかった。ＮＨＫの番組には一切出演を拒否。１９７４（昭和49）年には週刊誌上でひばりの母・加藤喜美枝とＮＨＫ紅白実施本部長が対談。「もう何とも思っていない」と釈明するＮＨＫ側に対し、加藤はきっぱりと言い切っている。

「違いますね。ひばりはファンに育ててもらったものですからね。ＮＨＫがなんのために一方的にそういうことをしたのか、わからないですね」

（『サンデー毎日』6月2日号）

その後ひばりは１９７７（昭和52）年になってようやくＮＨＫの人気番組『ビッグ・ショー』に出演。絶縁関係は解除されたが、紅白については１９７９（昭和54）年、特別出演として1度きり復帰しただけで、ついに正式出場することはなかった。

ちなみにこのひばりが特別出演した年の紅白視聴率は77・0％で、72・2％まで落ちていた前年の視聴率から大きく盛り返している。

紅白に出なくなったひばりは歌唱の幅を広げ、フォークやポップスに対抗するかのごとくヒットを飛ばした。遺作となった「川の流れのように」はその象徴である。

③吉永小百合（女優）

「国民的美少女」を襲った爆弾魔「草加次郎」

国民的女優・吉永小百合の人生を決定付けた名作といえば、1962（昭和37）年、小百合が17歳のとき公開された映画『キューポラのある街』だったと言えるかもしれない。

この作品で史上最年少のブルーリボン賞主演女優賞を獲得した吉永小百合は、一気にスター女優へと駆け上がっていくのである。

そんな人気絶頂の日々にあった1963（昭和38）年8月、渋谷区にあった小百合の自宅に暴漢が押し入る。

大胆にも洋服ダンスの中に潜んでいた25歳のプレス工は、部屋に入ってきた小百合にナイフを振りかざしながら突進。直ちに両親が警察に通報し大事には至らなかったが、あわや惨事になるところだった。

いまではとうてい考えられないことだが、当時は映画誌にファンレターの宛先としてスターの「本当の自宅住所」が掲載されていた。暴漢はその住所を見て自宅に強行突撃した熱狂的ストーカーだったのである。

人気者の小百合の自宅には、1日1000通以上ものファンレターが届く状態だったが、それを管理するのは事務所ではなく小百合の両親だった。

元祖「国民的女優」吉永小百合

事件から20日後、山積みになったファンレターの間に、不審な感触のある封筒を小百合の両親が見つける。
なかには弾丸1発と次のように書かれた脅迫状が入っていた。
〈五月十八日、午後七時、上野駅正面横の喫茶店〝ひがし〟に現金百万円を

あなたのおとうさんが持ってこい。七時二十分に電話であなたのおとうさんを田中と呼んで呼び出す。草加次郎〉

草加次郎——それは前年暮れから都内各所で頻発していた爆発騒ぎにおいて、現場に残された紙片や、企業に送りつけられた「犯行声明文」「脅迫文」に署名されたものと同じ名前だった。

小百合の両親はただちに警視庁に通報。

調べた結果、弾丸の入った封筒の消印は5月14日で、山積みになったファンレターの山のなかで見つかるまでに3カ月かかっていたことが分かった。

さらにすべての封筒を調べたところ、同様の脅迫状が5月に計3通、7月に計3通合計6通送られていたことも分かった。

そして9月5日、草加次郎はテロリストの本性を現す。

この日夜8時14分、地下鉄銀座線京橋駅に入ってきた車内でいきなり爆弾が爆発。死者こそ出なかったものの、重軽傷者10人を出す惨事となったのである。

「小百合が爆弾魔に狙われているのではないか」

緊張感を高める関係者のもとへ、7通目の脅迫状が届く。銀座線爆発の翌日、

9月7日のことだった。

〈9月9日　午後7時10分上野発　青森行　急行　十和田に乗ること　進行方向に向かって左のデッキに乗り外を見ること。　後の車両に乗ること　青（緑）の懐中電灯の点滅する所に現金1００万円　投下すること　8時までに完予《ママ》　草加次郎　列車　予定通　発車しない時は　10日〉

列車から現金を投下させるという手法は、この年公開された黒澤明監督の映画『天国と地獄』と同じだった。

捜査本部は急遽ヘリコプターを飛ばし、犯人が指定しそうな投下ポイントを絞り込む。

「8時までに完予《ママ》」とのことから、上野からその時間に到着する土浦までの間が集中的にマークされた。

9日夜、青森行きの寝台列車「十和田」が出発。車内に6人、常磐線沿線に300人の捜査員を配置し「その時」に備えた警察だったが、草加次郎は現れず、翌日も何も起こらなかった。

草加次郎はこれっきり、忽然と姿を消した。懸命の捜査もむなしく1978（昭和53）年、時効を迎えた。もっとも、吉永小百合はいまもなお健在である。

④大原麗子（女優）
「理想の妻」が演じた短き結婚生活

〈すこし愛して　ながーく愛して〉

1980年代にずっと放送されていた、サントリーレッドのコマーシャル。あの甘えるような声で帰ってくる夫を待つ大原麗子の若妻キャラは、母性と可愛さが融合した魔性の魅力に満ちていた。

正統派美人かつ情の深い良妻賢母の

愛嬌と母性が同居する魅力を持っていた大原麗子

イメージで、「お嫁さんにしたい女優」ランキングでは長らくトップの座に君臨した大原だったが、そんな彼女の実生活が、およそ家庭人とはかけ離れた修羅の連続であったことは、いまや知らない人も多くなった。

大原麗子は1946（昭和21）年、東京・文京区本郷の和菓子屋の娘として生まれた。

その美貌から10代で芸能界にスカウトされ東映に入社。高倉健の『網走番外地』シリーズなどで活躍した。

1971（昭和46）年に渡辺プロダクションに移籍。そして1973（昭和48）年、渡瀬恒彦と最初の結婚をする。

しかし、互いに本業が多忙を極めていた時代。2人はすぐに別居状態に陥り、5年の冷却期間を経て1978（昭和53）年に正式に離婚した。

大原はこの間、同じ渡辺プロ所属の演歌歌手、森進一と接近していた。

森と言えば、1969（昭和44）年に「港町ブルース」、1971（昭和46）年に「おふくろさん」というヒット曲を連発。すでに当時、紅白常連歌手となるなど、押しも押されもせぬ演歌界のニューリーダーとして活躍していた。

鹿児島の田舎から集団就職で上京した森に対し、大原は時代の最先端を行く

「六本木野獣会」出身の都会っ子。

森のほうが大原に惚れ込み、芸能メディアはまだ渡瀬と離婚もしていない大原と森の「熱愛」を書き立てた。

「当時の森進一は、渡辺プロからの独立を視野に入れていました」

と古参芸能記者が語る。

「1974（昭和49）年には『襟裳岬』をヒットさせ、自分の王国を作りたいという野望が芽生えたのでしょう。しかし、当時の芸能界で自分勝手な独立・移籍はどんなスターであっても最大のタブー。渡辺プロは大原との結婚を認める代わりに、何とか独立を阻止しようと懐柔しましたが、森は翻意しなかった」

1979（昭和54）年、森はついに渡辺プロからの独立を発表する。

しかし、大原は渡辺プロ所属の看板女優。2人の結婚は不可能と思われたが、同年に森は「新宿・みなと町」をヒットさせ、渡瀬との離婚が成立した大原との結婚にこぎつけるのである。

結婚後、冒頭のCMで愛妻キャラを演じ、大人気を博した大原だったが結婚生活の破綻はすぐにやってきた。

「原因は森の吝嗇ぶりや、女性問題などにあったのではないかと取り沙汰されま

したが、大原が離婚会見で語った言葉にある程度の真実はあったのではないでしょうか」(同)

1984(昭和59)年6月18日、森と大原はそれぞれ別の場所で離婚会見を開いている。

まずは森の話。

「40歳になったら、仕事をやめてくれると思っていたのに〝家のことをしているより台本を読んでいるほうがいい〟と言われたんです」

未練ありありの記者会見だったが、大原のほうは吹っ切れていた。

「私のわがままでこうなった。仕事は私にとって生きがいだから」

そして次の言葉が有名になった。

「彼も男、私も男。家のなかに男が2人いたんです」

大原は森が望んだ「子ども作り」を事実上拒否していたと言われる。離婚した大原だが、ウィスキーのCMは打ち切られることなく1990(平成2)年まで続いた。

森進一はその後、1986(昭和61)年に、社会福祉活動を通じて知り合った同じ演歌歌手の森昌子と「モリモリ婚」。

念願の子どもを授かり、幸せな家庭を築いたかに見えたが、2001（平成13）年ごろから夫婦仲に亀裂が入り、2005（平成17）年に離婚している。「不幸な家庭環境に育った」と自ら語る森進一が幸せな家族を希求したのは無理からぬことだが、その意味では大原も同じだった。

「彼女の父は5回結婚しており、大原は4番目の妻との間にできた子だった。幼い頃父から暴力を受け続けた彼女は父をいつしか憎み、森進一と離婚した後、大原姓ではなく母方の姓である飯塚を名乗ったのもそのせいです」（前出の記者）

あくまで理想の家庭像を追いかけた森進一と、仕事に没頭した大原麗子。だが、大原は90年代から健康を害し、次第に女優としての仕事を失っていく。

2009（平成21）年8月6日、連絡が取れなくなっていることを心配した実弟が、自室で息絶えていた大原麗子を発見した。推定死亡日時は8月3日、脳内出血が原因とされた。64歳の若さだった。

大原が最後まで愛した実母が95歳で亡くなったのはその3年後、2012（平成24）年のことである。

⑤岡田奈々（女優）

清純派アイドル監禁事件「密室の5時間」の謎

1970年代を代表するアイドルの1人、岡田奈々。

人形のような顔立ちと、スレンダーな肢体はまさに「天使」のような輝きを放っていたが、彼女の全盛期、そのアイドル人生に致命傷を与えかねない事件があったことは、50歳以上の世代にはよく知られている。

1977（昭和52）年7月15日未明、東京都港区の高級マンション8階にあった岡田の自宅に暴漢が侵入した。

以下は岡田本人が会見で語った内容などから判明した大まかな経緯である。

この日、夜11時に帰宅した岡田はベッドで寝転んでいるうち、うかつにもベランダの窓を開けたまま眠り込んでしまった。

深夜1時過ぎ、男は音もなく進入し、アイドルの首にナイフを突きつけた。

「騒ぐな。静かにしろ！」

飛び起きた岡田が目にしたのは、風呂敷で覆面をした身長１８０センチはあると思われる大柄な男だった。

反射的に手を出した岡田は、男が手にしていたナイフに触れた。次の瞬間、右手親指と左手が切れ、血が一面に飛び散った。

男はネクタイで岡田の両手両足を縛り、さらにサルグツワをかませると今度は包帯で止血を始め、パジャマを着替えさせた。

男は20歳から30歳くらいと思われる若い声をしていた。岡田に水を与えたり、一方的に身の上話をしているうち、夜が明けてきた。

事件後は包帯姿でファンの前に登場した岡田奈々

午前6時、男は血に染まったパジャマを岡田のボストンバッグに詰め、悠々と外に出て行った。これが5時間に及んだ「アイドル密室監禁傷害事件」の全容である。

同日、事件の一報が流れると、事務所社長は真っ先にこう「釈明」した。

「病院で調べてもらいましたが、〝乱

暴〟されていないことははっきりしています！」

当時の岡田は18歳になったばかり。清楚で純真な妹系アイドルの王道を突き進み、ポッキーのイメージガールなどCMにも多数起用されていた。

その岡田が凶器を持った暴漢に襲われ、しかも密室で5時間も2人だけの時間を過ごしていたという。手を切られた以外は何もなかったと言われても、マスコミは簡単にそれを信じようとしなかった。

事務所社長の発言を裏付けるべく、記者たちは病院へ直行。しかし「性的暴行の有無は調べていない」という病院側のコメントが出て、〝疑念〟はさらに深まっていく。

当時テレビ局で報道に携わっていた幹部が語る。

「記者のなかにも岡田奈々ファンは多くいて、本当に何もなかったのか、自分で確かめたいといった異常な気迫を出している連中がいましたよ。田中角栄がロッキード事件で裁判を受けていたが、奈々の事務所はそんなものよりはるかに厳しい追及取材を受けていた」

事件から3日後、事態の収拾を図るべく岡田奈々本人が記者会見に登場。

手に包帯を巻いた、いたいけな少女を前にさすがのマスコミも厳しい質問ができないでいたが、彼らの関心はただひとつだった。

「犯人はケシカランことをしなかったのですか」

ついにある記者が質問すると、岡田は用意の答えを繰り出した。

「はい、絶対に何もされませんでした」

しかし、一部の週刊誌はなおも「疑惑」を追及する。

本当に何もなかったのか。何か隠しているのではないか。もしそうであるとすれば、もう奈々ちゃんを応援することはできないかもしれない……悲痛なまでの奈々ファンの思いを乗せて、特別取材班を結成し、真相究明を続ける週刊誌もあった。

「結局、手からあれだけ出血しているわけだから、普通の人間であれば、その気はなくなる。つまり岡田奈々はウソをついていないというのが、警察や識者の説明で、ファンはそれを信じるしかなかった。ただその後、犯人の男が逮捕されなかったことから、捕まって真相を語られることを恐れた事務所側が、犯人に関する情報を提供しなかったのではないかという新しい疑念まで生じたくらいです」

(前出の幹部)

事件は時効となり、真相はいまも分からない。

岡田はその後仕事に復帰し、80年代にはドラマ『スクール・ウォーズ』（TBS）などでも好演した。

しかし私生活ではついに結婚することはなく、いまも現在も独身を貫いている。

⑥山口百恵（歌手）

アイドルが伝説となった21歳の引退劇

70年代最大のアイドル・山口百恵の引退からはや40年近い時が流れた。

熱風のように駆け抜けたわずか7年半の芸能生活と、引退後、長きに渡って完全沈黙を守るその鮮やかなコントラストは、山口百恵の「伝説」を神秘の領域に昇華させている。

山口百恵が引退した1980（昭和55）年当時、彼女の所属するホリプロの売り上げは40億円以上あったが、百恵はその4分の1に匹敵する11億円を1人で稼ぎ出していた。

そんな状況での「電撃引退」は、まさに芸能界の常識を覆す衝撃だった。

いくら本人の希望があるとはいえ、不世出の大スターを21歳の若さでやすやすと引退させるものだろうか――その疑問は百恵とホリプロの「対立説」を拡大させた。

実際、「百恵は結婚後、ホリプロから独立して仕事を続ける」と報じた社がいくつもあった。しかし、結果的にそうはならなかった。

「百恵とホリプロ社長だった堀威夫氏が当時、ギクシャクしていたことは間違いなく事実です」

と当時を知る古参芸能記者が語る。

ホリプロの「稼ぎ頭」だった山口百恵

「事務所に対する貢献度の割に月給が少ないと感じていたこと。そして堀社長が百恵ではなく『津軽海峡・冬景色』をヒットさせていた石川さゆりをプッシュしていたことに、百恵が不満を抱いていたことなどが取り沙汰されましたが、金の問題より、方向性の問題で事務所と確執があったのです」

山口百恵は引退の直前に出版した『蒼い時』（集英社刊）のなかでこう書いている。

「『引退します』という言葉を耳にして、一番おどろくのは、この人だろうと思っていた。

堀威夫氏。私の所属プロの社長。意見や仕事に対する考えの違いで、正面衝突したことも多かった」

前出の古参記者が語る。

「『横須賀ストーリー』のヒットをきっかけに、百恵は楽曲を提供した宇崎竜童・阿木燿子夫妻から大きな影響を受けるようになり、他人が敷いたレールを歩むのではなく、自分の世界観を世に問いたいという自我を抑え切れなくなっていた。実際、彼女の独立話は水面下で進行しており、百恵が信頼していたホリプロの小田信吾氏（当時制作部長）とともに、外へ飛び出すのは時間の問題と思われていた」

しかし、百恵は三浦友和と結婚し、ついに独立することはなかった。

なぜそうならなかったのか。

「独立計画を察知したホリプロサイドが小田氏を説得し、思いとどまらせたと言われています。理解者であり、独立するには絶対に必要だった小田氏が会社側についたとき、ハシゴを外された百恵は〝引退〟という答えを出したのです」（同）

小田はその後、１９８４（昭和59）年にホリプロ社長に就任。18年間社長をつとめ、２００２（平成14）年に会長、現在はホリプロ最高顧問の肩書きを持つ。百恵の「育ての親」と呼ばれた小田氏は「会社を取るか、百恵を取るか」という場面で会社を取った。

それは善悪では判断できない人生の岐路であったと思われるが、もし早い段階で百恵の「独立」が実現していたら、三浦友和との結婚があったかどうかは分からないし、百恵は女優として、いまも芸能界で活躍していた可能性は十分にあったと言える。

小田氏はこれまで、百恵についてほとんど語ったことがない。だが20年ほど前、スポーツ紙の取材に対し、次のようなコメントを残している。

「理屈ではなかった。愛する人と結婚して家庭を作り、子供を育てるというのが、彼女の価値観であり、美学だった。デビュー間もないころから、自分の強烈な人生哲学を、年齢を超越した次元でしっかりと持っていた」（『日刊スポーツ』１９９５年7月13日）

理屈ではなかった――まさにそのひと言に尽きるのだろう。かくして百恵は時代の「伝説」となった。

⑦松田聖子（歌手）

郷と神田を斬った女王の激辛「アイドル道」

1980（昭和55）年のデビュー以降、35年にわたって芸能界の第一線で活躍する松田聖子。

50歳を過ぎた現在も「アイドル」と呼ばれ、自己愛に満ちた、すべてが過剰なオーラは娘である神田沙也加をいまも凌駕している。

時代の顔であり続ける聖子の80年代におけるハイライトシーンは、やはり郷ひろみとの破局、そして神田正輝との結婚であろう。

「もし、今度生まれ変わったときには絶対いっしょになろうねって……」

郷ひろみとの破局記者会見でこの歴史に残るサヨナラの名文句を残したわずか1カ月後に、神田正輝との婚約を発表するのだから並の心臓ではない。

聖子がなぜ、郷と破局し神田正輝に乗り換えたのか。それはいまでも謎めいた部分が残されている。

当時を知る大手レコード会社幹部は語る。

「公式説明としては、家庭に入ることを望んだ郷に対し、歌をあきらめ切れなかった聖子ということになっていますが、ウソではないにせよそれが第一の理由ではなかったでしょうね。本質的な理由は、聖子が自分でも想像できなかったほど巨大な存在に急成長してしまった。それがさまざまな状況の変化を誘発したのではないでしょうか」

2人の謎めいた破局には、いまでも信憑性のあるものからトンデモ説まで、まことしやかに流れている。

「聖子は石原裕次郎の愛人で、別れるために神田正輝があてがわれた」

などという「説」が代表例だが、先の幹部は

現代女性の生き方に影響を与え続けた松田聖子

一笑に付す。

「あり得ませんよ。当時の裕次郎は、本人には知らされていませんでしたが重い肝臓がんを患っており、そもそもそれ以前から解離性大動脈瘤の手術をしており、とても愛人を追いかけるような体力はなかった。聖子と正輝の結婚があまりに意外だったので、そうした説が出てきたのではないですか」

松田聖子と郷ひろみの「熱愛」の伏線は、まだ聖子が芸能界にデビューする前にさかのぼる。

聖子はそもそも、70年代からスターだった郷ひろみのファンだった。

芸能人どうしの結婚においては、一方が業界に入る前、相手のファンだったということはよくある話である。

仰ぎ見る存在だった郷ひろみと松田聖子は、レコード会社が同じCBSソニーだったこともあり接点を持つ。

聖子のデビュー翌年の1981（昭和56）年には早くも「熱愛」報道が出現し、2人も交際を公言するようになった。

1983（昭和58）年には2人の電話を盗聴したと思われるテープが飛び出し、「私がどれだけひろみさんのこと愛してるか分かってますか」「いやーん、もう抱っこして！」と電話でも〝ブリッコ〟だった「聖子」の声に日本中が仰天したのである。本物のように思えた迫真のテープだったが、2人はこれを黙殺した。

どこから見ても結婚は秒読みかと思われたが、聖子にとっての「誤算」は自分自身の内側にあった。

当時「2億4千万の瞳」をヒットさせていた郷ではあったが、30歳を目前にしてアイドルとしての人気は明らかに下り坂だった。

それに対し、「秘密の花園」「SWEET MEMORIES」「瞳はダイアモンド」など大ヒット曲を連打する聖子は、もはや商業的な意味で郷よりはるか格上の存在となっていた。

トップアイドルである自分が、上がり目のない郷と結婚していいのだろうか。ほんの2、3年前であれば思いもしなかった考えが聖子のなかになかったとは言い切れない。

郷はあくまで聖子と結婚するつもりでいたが、すでに聖子の移り気な心は映画『カリブ・愛のシンフォニー』（1985年公開）で共演した神田正輝に近づいていた。

この映画がメキシコロケだったことも、郷にとっては不運だった。急速に距離感を詰めた神田は、郷と違ってスターぶることもなく、聖子が体調を崩した際には献身的に看病したという。

郷ひろみと松田聖子が別れたのは１９８４（昭和59）年末のことだったと言われる。

「聖子は別れたその足でハワイで待つ神田正輝に会いに行った。日付変更線をまたいで、１日に２人の男と会っていたんだ」

こう話していたのは生前の梨元勝（芸能評論家）であった。

聖子はその後、１９９７（平成９）年に神田と別れた後、６歳年下の医師と結婚・離婚を経て２０１３（平成25）年に歯科医と３度目の結婚。その間、２０００（平成12）年には郷ひろみとのデュエット曲を発表している。

数々のスキャンダルを踏み台にして、無敵化した聖子は、かくしてファンにもアンチにもその生き方を語り継がれる存在となった。

⑧中森明菜（歌手）

「歌姫伝説」を暗転させた自殺未遂事件

2014（平成26）年の大晦日、紅白歌合戦においてNHK最大の目玉は「歌姫」中森明菜のサプライズ出演だった。

長らく体調不良で表舞台から遠ざかっていた明菜だが、一時代を築いた歌姫の復活にはいまなお待望論が強く、過去の楽曲CDやDVDが時折リリースされると、いつも好調な売れ行きを示している。

「全盛期の彼女の〝一瞬の輝き〟は、あの聖子をも凌駕するものでした」

と民放OBが語る。

「特に1985（昭和60）年から翌年

歌唱力で凄みを見せた中森明菜

にかけ『ミ・アモーレ』と『DESIRE』で2年連続レコード大賞を受賞したころは、誰も寄せ付けない勢いと若さがあった。バブル時代とあいまって、すべてが華やかでした」

「スター誕生！」から芸能界入りし、激しい情念を歌に込めた楽曲でたちまちスター歌手の仲間入りを果たした中森明菜。

あの聖子がデビュー前に郷ひろみに憧れていたように、明菜にも憧れの人物がいた。それが〝マッチ〟こと近藤真彦である。

1984（昭和59）年、映画『愛・旅立ち』で共演した2人は本格的な交際をスタートさせる。歌手としてもっとも輝いた時代の明菜を陰で支えたのは近藤だった。

「明菜の家庭環境は複雑でした。両親は別居しており、妹の秋穂も芸能界入りしたが、精神的に不安定ですぐに引退した。彼女は物事を思い詰めると、他のことが見えなくなる傾向があった。レコード大賞に輝いたのは弱冠20歳のとき。まだ人生の入り口に立ったばかりの彼女にとって大切だったのは、商業的成功よりも目の前のマッチだったのだと思います」（同）

明菜のレコード大賞3連覇がかかった1987（昭和62）年、その偉業に待ったをかけたのは皮肉にも『愚か者』を歌う近藤真彦だった。

このときまだ2人の交際は続いていたが、近藤が結婚を明確に否定するコメントを出したりするなど、その先行きには暗雲が漂っていた。

「まだ独身生活を謳歌したかった近藤に対し、明菜の結婚願望と相手を束縛したいという気持ちはかみ合わず、次第に近藤が明菜を疎んじて距離を置き始めたようだった。ジャニーズ事務所も、大黒柱の近藤が結婚することに難色を示していた」(同)

1987(昭和62)年には、神奈川県の霊園から近藤の母の遺骨が盗まれる事件が発生。レコード大賞数日前には「レコ大を辞退したら遺骨を返してやる」という脅迫状を送り付けられ、これが明菜の3連覇を支持する狂信的ファンの仕業ではないかとも囁かれた。

決定打は、近藤の「浮気」報道だった。

1989(平成元)年2月、近藤がよりによって松田聖子と米国で密会していたことが週刊誌沙汰になる。その数日前、明菜はハワイで近藤とデートしていた。

同年7月11日、明菜は六本木にあった近藤の自宅マンションにいた。

この日、大阪から帰京した近藤は迎えの車で自宅に向かったが、自宅に電話をしても待っているはずの明菜が電話に出ない。

「おかしいな。どうしたんだろう」

焦燥に駆られた近藤が自室に戻り浴室をのぞいたとき、目にしたのは手首から血を流し倒れていた明菜の姿だった。

左手を長さ8センチ、深さ2センチまで切った明菜は直ちに病院に搬送され、手術の結果、一命を取り留める。

その年大晦日、まさに紅白歌合戦が行われているその時間帯に異例の記者会見が行われた。

自殺を図るほど思いつめた女に対し、マッチは責任を取る決断をした――芸能メディアは「婚約会見」と信じて記者会見場に集結した。

「いや、記者だけではなく明菜自身、婚約会見だと思ってその場に出向いたと言われている」(同)

生中継された記者会見で、明菜は自殺未遂の動機をこう語った。

「私が仕事をしていて、一番信頼していた人が信頼できなくなったことです。その理由については辛くて言えません……」

そして、近藤に謝罪した。

「いちばん自分が信頼できた、たったひとりの人にいちばん最初に見つけてほしかった。でも、それで大切な人に迷惑をかけてしまった」

しかし、会見途中に駆けつけた近藤真彦は、明菜との結婚について「そういうことは全くありません」と明確に否定。2人の愛はここで終わったのだった。

その後、近藤は一般人女性と結婚。明菜は事件の影響から露出が減り、その後も暗い影がつきまとったおかげで黄金期の輝きを取り戻すことはできなかった。

いまも独身の明菜だが、孤独を抱えたスターの心を本当に癒すことのできる存在は現れるのだろうか。

⑨高部知子（女優）

元祖リベンジポルノとなった「ニャンニャン写真」

いまでこそアイドルの虚像と実像の乖離は半ば「常識」となっているが、昭和の時代、ファンにとって「地上に降りた天使」たるアイドルのスキャンダルは衝撃的なインパクトがあった。

１９８１（昭和56）年に写真週刊誌『ＦＯＣＵＳ』（新潮社）が創刊されて以降、芸能人の私生活は格好の標的となった。その写真による「芸能スクープ」の走りとしていまも語り草となっているのが１９８３（昭和58）年の「ニャンニャン写真事件」である。

問題となった写真は前述の『ＦＯＣＵＳ』6月24日号に掲載された。裸の両肩を蒲団から出し、くわえタバコで笑みを浮かべる少女。それが当時15歳の清純派アイドル、高部知子であった。

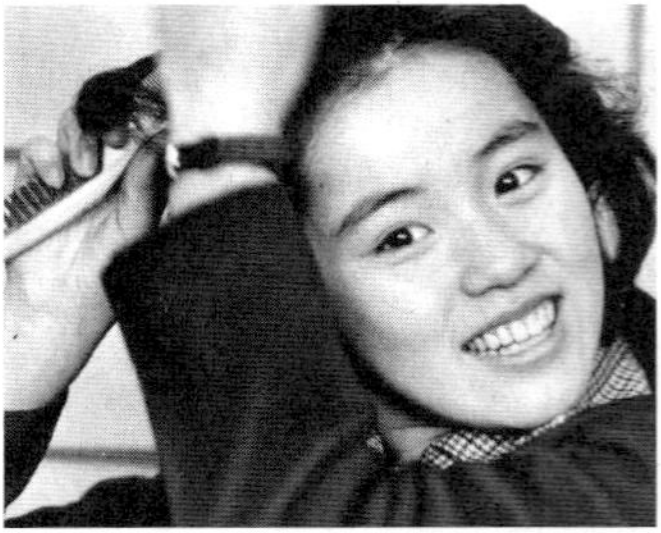
日本一スキャンダラスな15歳となった高部知子

おせっかいにも記事にはこうある。
〈ベッドで2人仲良くニャンニャンしちゃった後の、一服である〉
タバコとニャンニャンだけで2アウトだが、それが人気アイドルだったことで高部の命運は「ゲームセット」になってしまう。
当時、大人気番組の『欽ちゃんのどこまでやるの

!?』（テレビ朝日系）に3つ子姉妹「わらべ」の長女役として出演していた高部知子。ドラマ『積木くずし』では主人公を演じ、最終回の視聴率は45・3％と記録的な数字を打ち立てた。

そんな人気絶頂のアイドルを襲ったスキャンダル。波紋は大きく広がり、高部は『欽どこ』をはじめ出演番組を軒並み降板。CMは打ち切りになり、通学していた堀越学園も無期停学処分となった。

写真を編集部に持ち込んだのは、交際相手だった18歳の少年だった。

彼が後に語ったところによれば「最初から写真を公表するつもりはなかった。しかし別れた直後から自宅に突然寿司が10人前も届いたり、〝知子につきまとうな〟という電話がかかったりして、嫌がらせを受けた」ため、それに対抗する措置として写真を出したというのである。

いまで言うところの「リベンジポルノ」だが、不良少女を演じていた高部がリアルに不良少女だったという現実をファンは受け入れられず、また15歳という低年齢少女の「乱れた性」は社会問題にも発展した。

この騒動の収束に乗り出したのは、当時「視聴率男」として業界の実力者だった「欽ちゃん」こと萩本欽一だった。

『欽どこ』に出演していた高部を守るため、欽ちゃん自らマスコミに「まだ15歳だから取材を自粛して」と懇願。それは一定の効果を発揮し、メディアは写真を流出させた少年叩きに走った。

しかし、それが悲劇の連鎖を招く。少年は騒動から3ヵ月後、排ガス自殺するのである。高部の復帰は絶望的になった。

「少年は『積木くずし』の暴走族役のエキストラでした。高部のほうから交際を持ちかけたとされていますが、すぐに高部が別の男とも付きあっていると聞かされ、ほんの2カ月ほどで交際は終わった。少年はドラマで暴走族役を演じてはいましたが、いわゆるヤンキーではなく、父は一部上場企業の役員で本気で高部のことを好きだった。それだけに交際を絶たれたことが許せなかったのでしょう」（週刊誌記者）

事件後、高部は芸能界に復帰したが精神的には不安定で、22歳のとき幼なじみと結婚。芸能界を引退する。

2人は子どもをもうけ、コンビニを経営していたがその後離婚。高部は1999（平成11）年に芸能界に復帰し、性器にピアスをつけたヘアヌード写真集で世間を驚かせた。

その波乱万丈の人生経験をいかし、現在は精神保健福祉士として各種カウンセリングケアに取り組む高部は、50歳になる。

⑩林葉直子（棋士）
将棋界を震撼させた「名人突撃事件」

将棋界を彩る華やかな女流棋士たち。現在、将棋連盟とそこから分派したLPSA（日本女子プロ将棋協会）合わせ、約60名の現役棋士が活躍しているが、1990年ごろまでその数は少なく、20名ほどしかいなかった。

そんな女流棋界で80年代に大活躍し、「天才美人棋士」として一世を風靡したのが林葉直子である。

小学生時代から、後に将棋連盟会長をつとめる米長邦雄の内弟子となり、1980（昭和55）年にプロデビュー。そして1982（昭和57）年には14歳で「女流王将」のタイトルを獲得し、一躍スターの座に登りつめる。

「当時は層が薄かったこともありますが」

と将棋観戦記者が語る。

「彼女が騒がれた最大の理由はその美貌、ルックスにありました。当時の女流棋士は、将棋の実力より、棋譜の読み上げや大盤解説のアシスタントなど、いわば添え物としての扱いでしたが、彼女は当時の女流のなかでは2位に大差をつける、群を抜いた美少女でした」

人好きのする派手な顔立ちは被写体としてもメディア受けし、将棋以外のさまざまなイベントにも出場したほか、時代劇に出演したり、恋愛小説の作家としても活躍。多才なマルチアイドルとして名前を売った。

美少女棋士として一世を風靡した林葉直子

林葉と同世代の男性棋士は語る。
「控室でも強い香水をつけてくるので、いればすぐに分かりました。クラブのママのような声で男性に話しかけるので、勘違いしてしまう人も多かったようですが、将棋界は割と保守的な世界なので、眉をひそめる人もいましたし、女流棋士の間では孤立しているようでしたね。もちろんあれだけ美人だとやっかみもあったと思いますが」

ところが当時、あってはならないできごとが水面下で進行していた。

それは70年代から80年代にかけ、将棋界の第一人者として活躍した中原誠との不倫劇である。

「林葉の師匠は米長邦雄。その最大のライバルであり、将棋ではかなわなかった相手が中原先生です。2人の関係は、噂の流れるのが早い将棋界でも、誰も知らなかった。それくらいタブーな関係だったと思います」（観戦記者）

不倫は、既婚者の中原に林葉がアタックする形で1992（平成4）年にスタートした。ライバルの弟子、かつ将棋界のアイドルと呼ばれた林葉の魅力に中原は負け、男女の関係になる。

しかし、関係を清算しようとした林葉に対し、中原はそれを拒否した。

林葉は1994（平成6）年に対局を放棄する謎の失踪騒ぎを起こしたが、このときの記者会見でも中原の名は出なかった。

後に中原は当時について「冷や冷やしていた。名前が出たら自殺するつもりだった」と語っているが、それでも関係を終わらせるには未練が残っていた。

そして「事件」は1998（平成10）年に起きる。林葉が週刊誌に全てをブチまけただけでなく、自宅の留守番電話に録音された中原の肉声まで暴露したのである。それは衝撃的な内容だった。

〈もしもし？　もしもし？　私は林葉直子の愛人でしたっつうんで週刊誌に売ります。それではよろしく。いまから突撃！〉

中原は酒に酔っているようだったが、「棋界の太陽」と評された大名人の意外なストーカー性に世間は驚愕し、騒動は将棋の世界を飛び出した「突撃ストーカー事件」として大きく報道された。

中原が残した音声のなかには〈お前みたいのは早く死んじまえ！〉というのもあった。ひどい言葉を投げつけられた女は、報復に出た。それがこの結果である。

林葉は将棋界を去り、中原は１９９９（平成11）年、長年守った順位戦A級から陥落、将棋界の第一線から後退した。そして２００９（平成21）年に現役を引退している。

林葉はその後、整形や豊胸、ヘアヌード写真などを発表し世間を騒がせたが、体調を崩し、いまは故郷の福岡で静かに暮らしている。

File.11

冤罪闘争半世紀——恐ろしき人間の「心の闇」

「狭山事件」を生み出した昭和農村社会と「部落差別」その知られざる実態

文・伊吹隼人（ノンフィクションライター）

昭和最大のミステリー「狭山事件」。女子高校生が殺害されたこの事件をめぐっては、真犯人とされ無期懲役刑が確定した石川一雄氏がいまも無実を訴えている。事件の背景に横たわっていた閉鎖的な農村社会と「部落差別」の実態を、長年現地で聞き取りを続けてきたジャーナリストが解き明かす。

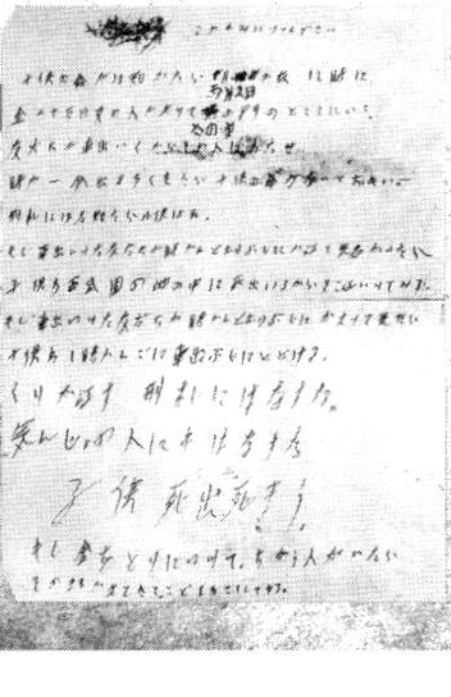

逮捕された「部落出身」の青年

「狭山事件」は、いまから約55年前の1963（昭和38）年5月1日に埼玉県狭山市で発生した、身代金目的の強盗強姦殺人事件である。

同じ年の3月31日には、台東区下谷（現・松が谷）で村越吉展ちゃん（当時5歳）が誘拐される事件が発生しているが、その際警察は身代金受け渡し現場で犯人を取り逃がす大失態を演じてしまっていた。

この「吉展ちゃん事件」は未解決のままとなっていたため（のち吉展ちゃんは遺体で発見される）、当時社会では警察への非難の声が高まるとともに、「そのうち模倣犯が現れるのでは……」との不安も広がりつつあった。

狭山事件の被害者となったのは市内に住む農業・中田栄作さんの四女・善枝さんで、当日は彼女にとって16回目の誕生日でもあった。彼女はその日、在籍していた埼玉県立川越高校入間川分校で同級生らに「誕生日だから早く帰る」と言い残して自転車で下校している。しかし、やがて外が豪雨となるなか、善枝さんは夜になっても帰宅しなかった。

心配した長兄の敬治さん（仮名・当時25歳）が探しに行くものの見つからず、やむなく家に戻り家族と共に夕食をとっていると、いつの間にか家の玄関の戸には白い封筒が差し込まれてあった。

中を開けると、それは身代金を要求する脅迫状で、「子供の命が惜しかったら5月2日の夜12時に、女性が20万円を持って佐野屋（近所の雑貨店）の前に立て。友人が車で取りに行く。警察や近所の人に話せば子供の命はない」との内容が書かれてあった。文字は汚く、当て字も多かったが、とりあえず意味は分かるものとなっている。善枝さんが誘拐されたことを確信した父と敬治さんは、ただちにこれを持ち、近くの駐在所に届け出た。

そして翌晩、中田家で唯一の女性であった姉の登美恵さん（当時23歳。母親は10年前に死去）は、脅迫状で指定された通り、「佐野屋」の前に立った。この時、周囲には38人の警官が張り込んでおり、またその近くでは善枝さんの母校・堀兼中学校ＰＴＡ会長の松田秀雄（仮名・当時42歳）氏と中学3年時の担任教諭・灰澤啓一（仮名・当時32歳）氏も一緒に隠れてそれを見守っていた。

すると、3日午前零時を過ぎた頃、意外にも犯人はそばの畑に現れて、暗闇の中から登美恵さんに呼び掛けてきた。

犯人の「オイオイ、来てんのか」という第一声に、登美恵さんは「来てますよ」と答え、その後問答は10分ほど続いたが、張り込みの気配を察したのか、犯人は「警察に話したんべ、そこに2人いるじゃねぇか」「おらぁ、帰るぞ」と言い残して、そのまま姿を消した。気付いた警察官たちは慌てて飛び出すが、すでに犯人の姿はどこにもなく、彼らはただ呼子の笛を吹き鳴らしながら畑の中を闇雲に走り回るほかなかった。

善枝さんの遺体が埋められていた農道

善枝さんの救出が絶望的になったため、翌朝からは大掛かりな山狩りが開始された。その結果、4日午前になって、善枝さんは市内の農道の土中から遺体となって発見される。遺体には姦淫の跡があり、死因は絞殺とされた。

「吉展ちゃん事件」に続くこの大失態に批判の声は止まず、国民の警察に対する不信感はピークに達した。直後、篠田国家公安委員長（当時）も警察に対しては、「5月8日参院選本会議で事件の捜査結果を報告する予定になっているから、それまでに犯人を捕まえよ」と督励している。

やがて、焦った警察は完全に余裕を喪い、偏見に基づくとも思われる〝見込み捜査〟を開始することになった。すなわち、脅迫状の文面から、犯人を「知能の低い者」「20万円程度を大金と考える者」と判断した上での、市内被差別部落に対する集中捜査である。

そしてその結果、5月23日になって市内に住む被差別部落の青年で、事件前まで被害者宅近くの村田養豚場（仮称）に勤務していた石川一雄（当時24歳）氏が別件で逮捕される。

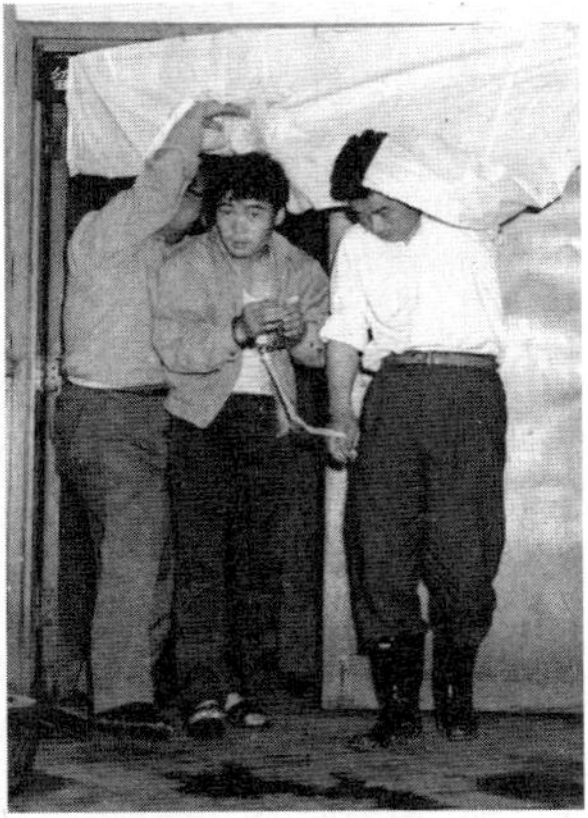

逮捕された石川一雄さん（当時24歳）

石川氏はのちに犯行を全面自供し、一審では死刑判決が言い渡されるが、ある支援者の助言によって途中から「警察に騙されていた」ことに気づき、控訴審では突然無実を主張し始めた。

石川氏によれば、取り調べの際には「別件だけでも10年の刑だが、善枝さん殺しを認めればそれも合わせて10年にしてやる」と言われ、死刑判決を受けても実際は10年で出所できると信じていた、というのである。なお、自供に基づいて発見されたという物証はどれもねつ造の可能性が高いものばかりであった。

結局、二審では「無期懲役」に減刑され最高裁で確定するが、石川氏は獄中からも無実を叫び続け、弁護団とともに再審請求を繰り返した。1994（平成6）年に仮釈放となった石川氏は狭山に戻ったが、法廷闘争はなおも継続中で、現在は第3次再審請求中となっている。

なお、この事件は数多くの謎が存在していることでもよく知られている。なかでも最大の〝ミステリー〟とされているのは、事件後5人もの関係者が相次いで自殺していることである。

まず事件の5日後には被害者宅の元・使用人のO氏が自身の結婚式を翌日に控えていたにもかかわらず自殺しているが、彼は犯人と同じ血液型B型で、脅迫状と筆跡も似ており（警察発表）、死体発見現場近くに新居があったことなどから事件との関連が強く疑われていた（警察は最終的に「シロ」と発表）。

また、事件10日後には「被害者の通学路付近で怪しい人影を見た」と証言した市内の住民・T氏が突如自宅で自殺している。事件翌年には被害者の姉・登美恵さんも、入籍直後でありながらノイローゼとなり自殺。その2年後には一部から「真犯人ではないか」と疑われていた村田養豚場主の兄・I氏も、西武線の踏切で轢死体となって発見されている。さらに、その11年後には被害者のすぐ上の兄・喜代治氏も自宅で命を絶ってしまった。これらの自殺については、一部「他殺」が疑われているものもあり、その原因や実際の死亡状況等はいまもほとんど判明していない。

大手新聞が「特殊地区」と報道

当時、狭山にはFとKという被差別地区があり、石川氏が事件以前働いていた村田養豚場の従業員も、その多くが被差別部落出身者であった。当時の付近における差別の実態はどのようなものであったのか。狭山市駅近くに長年居住する男性は、次のように語っている。

「まあ、昔は今よりずっと差別もひどかったよね。よく〝踏切向こう〟(F地区)とか〝川向こう〟(K地区)みたいな言い方もしてたし。あと、部落の人はI、M、K、Tとか名字が決まってるからすぐ分かっちゃうんだ。小・中学校では特に問題も起こらなかったけど、ただボロっちいのが恥ずかしいからなのか、あんまりそこに住む奴の家に呼ばれたりすることはなかったな……。大人になってからも皆、その辺には行かなかったし。だから逆に、そういう家にたまたま行ったりすると、普段誰も来ないもんだから大歓迎されたりするんだよね」

また、ある元・学校関係者はこんなことも語っていた。

「いまでは考えられないことなんだけど、その頃市内のある中学校では、出席簿で部落の子の名前の横には印が付けられていたりしたんです。子供たちは皆仲良かったけど、大人では結構こだわっている人が多かったですね」

同時期の差別と偏見が相当にひどいものであったことは、当時の新聞報道からも想像に難くない。

たとえば、事件の年の5月25日付埼玉新聞では、「環境のゆがみが生んだ犯罪いまだに残る〝夜ばい〟用意された悪の温床」として、被差別部落を〝特殊地区〟と記しており、同年6月24日付の東京新聞では「犯罪の温床『四丁目部落』善枝さん殺しの背景　捜査遅らす強い団結　復しゅう恐れ一般人の協力得られず」などのタイトルが付けられているのである。

また、同じ年の5月24日付埼玉新聞では、「石川一雄はこんな男　常識外の異

常性格　なまけ者でギャンブル狂い」として、顔写真の横には「常識では考えられぬ異常性格の持ち主、石川一雄」とのキャプションまでが付けられている。こうした報道は、当時の警察による〝印象操作〟によるものと考えられるが、しかし多くの人々はこれらをそのまま鵜呑みにし、部落に対する偏見を強めていくことになった。

村田養豚場も、事件の年の3月に被害者の住む上赤坂から隣接する堀兼地区に移転させられているが、これも「一帯の人々に嫌がられたため」（石川一雄氏の話）だったという。

ただし、公平な観点からいえば、村田養豚場が疑われたことには仕方がない面もあったようだ。なぜなら、そこは犯人が逃げた方向に存在していただけでなく、以前から地元でも怖れられた「不良の溜まり場」だったからである。

被害者宅周辺の人々も、最近ではその多くが石川氏に対して好意的であるが、実行犯についてはいまもほとんどが「（石川氏以外の）養豚場従業員」とみており、「善枝さんは養豚場の前を通学路にしていたため、犯人に目を付けられた」とも考えているのである。

それでも、地元住民らによれば部落差別そのものは、いまやほぼ「昔話」になりつつあるという。特に若年層においては、近年相当に考え方も変化してきているようである。

「もう、この辺の子たちは何とも思っていないみたいです。そうした地区も今は立派なビルやマンションが一杯建ってるし。同和教育なんかも行われているけど、そもそも何で差別するのか自体が今の子にはよく分からないみたいですね。未だにそんなことを言ってるのは、年配の人ばかりですよ」（前出の学校関係者）

被害者が「性的に奔放だった」というデマ

ところで、被害者となった中田善枝さんはどのような少女だったのだろうか。これについて、中学2年時の担任・安田幸司はこう語っている。

「明るくて活発。スポーツが得意で、成績も良くて、いわゆる優等生タイプでした。性格はひと言でいえば〝体育会系〟ですね。副級長や生徒会副会長もやっていて、大手新聞社主催の行事に学校代表で参加したりもしていました」

異性関係に関しては、石川氏支援者の一部が「性的に奔放。肉体関係を持っていた男性が10人以上いた」「彼女は痴情のもつれで殺された」と書籍に記したため、一般にも広く信じられているが、これは全くのガセ情報であったようだ。中学同期生らも全員、この件については「それは絶対ない。そんな話は聞いたこともないし、あの狭い村の中で深い関係の相手などいたらすぐに分かる」と語り、完全否定している。

ただし、彼女に男子の友人が多かったことだけは事実だったようで、同期生の1人は「男女分け隔てなく付き合う子だった。男子の家にも気軽に遊びに行っていたけど、当時そういう子は珍しかった」との証言も行っていた。

前出の灰澤教諭も同様のことを述べているが、それに対しては「(警戒心の無い様子に)危険を感じた」とも付け加えている。

なお、善枝さんは当時、中学同期生の松田修(仮名)氏に熱烈な片思いをしており、そのことを頻繁に日記にも綴っていた。一部にはこんな記述もみられる。

被害者の中田善枝さん(当時16歳)

３月３日「(松田さんと) 行きも帰りも会い、少し恥ずかしかった」
３月10日「松田さんと手をつないで (ローラースケートを) うまくすべりたい。謝恩会にも２人でアベックで歌いたい」
３月15日「松田さん、さようなら。胸がいっぱいだった」(卒業式)
３月31日「××さんかと思ったら、松田さんだった。私はあいさつして通りすぎた。松田さん、ふりむいたかしら?」
彼女が、決して「性的に奔放な少女」などでなかったことは、こうした内容からも明らかであろう。この松田修氏は事件翌日、佐野屋の張り込みに参加したPTA会長・松田秀雄氏の子息で、同期生らによれば彼は中学当時、校内で〝スーパースター〟的存在だったという。
「あれはいいとこの坊っちゃんだったし、ケタ外れの秀才で野球部のエース、生徒会長もやっていて、ハンサムで背も高かった。だから、いつも女生徒たちからはキャーキャーいわれていたんだ」(堀兼中卒業生)
修氏は中学卒業後、地元の名門・川越高校に進学しているが、しかしその翌年、彼の運命は突如暗転している。父親の秀雄氏が中学卒業式の途中、脳溢血で倒れ、急死してしまったためである。

「あの親父は材木商だったんだけど、PTAのことばかりやってて仕事がおろそかになってたんだ。それでかなり借金こさえたまま、いきなり死んじゃったから、松田も大学進学諦めて、東京のTストアに就職することになったみたいなんだな……。アイツはその後、出世もできなくて、パッとしないままで定年になって帰ってきた。あとは同窓会にも一度も出てこない。まあ、高校にも行けなかったバカ連中が出世してたりするから、奴も自分が情けなくて出てこれないのかもしれないね」(同)

筆者は現地で何度か修氏を見かけているが、いまではどこにでもいるような小太りの初老男性となっていた。

ちなみに、当時の農村の高校進学率はまだ低く、善枝さんが卒業した年の堀兼中学校107名の進路をみても高校進学者は47名だけとなっている。

学校は「平和な農村の学校、という感じ」(安田教諭の話)だったと伝えられるが、その一方では「前時代的な、軍隊みたいなところもある学校だった」と証言する卒業生もいた。特に前出の灰澤教諭などは暴力教師として有名で、「男でも女でも、バカスカ鼻血が出るまで殴ってた。あまりに殴られ過ぎて、耳が聞こえなくなったり、重い障害を負った生徒もいたし……。いまなら、絶対クビでしょうね」（卒業生の話）等語られている。この灰澤教諭は、事件後偽証を行うなど不審な行動を取ったため、一部の関係者たちからはのちに事件関与の疑惑も持たれることになった。

村内に厳然と存在した「家の格式」

「あんな大事件が起こるなんて、あの頃は到底想像もつかないような場所だった」

旧くからの上赤坂（被害者の居住地域）の住民の1人はそう語っている。また、前出の安田教諭も同様に、

「この辺は街灯もなくて、夜は真っ暗でした。その頃、駅の方へ出掛けた教諭の1人が、日が暮れたら帰ってこれなくなったこともあった。あと、当時は村内に信号すら無かったんです。だから初めて信号が付いた時、生徒を連れてそこに行ったら、皆どうしていいか分からなくなっているんですよ。当時の堀兼（「佐野

屋」があった地区）なんてそんなところだったんですよね」

と話す。

「農民のほとんどは、純朴な感じで、感覚も都会とはかけ離れていた」（前出の上赤坂の住民）というが、しかし事件の頃には一帯でさまざまな開発が進み、その利権などを巡って、政治的なトラブルも少なからず起きてたようである。事件発生日は、果たして偶然なのか「狭山市議選」当日でもあったが、一帯で最大の有力者であった中田家では、被害者父の栄作氏が事件直前に上赤坂区長に就任していたことから、この選挙にも大きな影響力を持つようになっていた。

また、事件直前には中田家を含むグループが同じ村内の某政党員を〝村八分〟にしており、「相当な恨みを買っていた」とも伝えられている。この政党員は、村田養豚場とも結びついていた人物で、「事件後にはこの政党に属する刑事が、養豚場捜査を盛んに妨害していた」との証言もあった。

婚姻関係も複雑で、村内では有力な家同士による勢力拡大のための「政略結婚」などもしばしば行われていたようである。

事件より遥か以前になるが、善枝さんの母親もその関係からか、婚礼当日には家の庭に墓を模した「土まんじゅう」が造られるという、悪質な嫌がらせを受けている（亀井トム氏の著書にある「墓石が投げ込まれていた」との記述は誤り）。

また、村内では家によって「格」の違いのようなものがあり、下位の家は上位の家に対し、「何も言えない状況」とのことで、それはいまなお続いているという。一帯は、江戸初期に川越藩により開拓された土地で、それに基づき「最上位」は初期入植者、「最下位」は戦後の農地改革により新たに入植した人々や〝小作上がり〟の農民、とされていたのである。

特に遠方からの入植者などは「よそ者」と蔑まれ、子供らも学校ではいじめの対象となった。そのため事件発生直後、「怨恨」を動機と疑った警察は、新規入植者の開拓地であった上赤坂H地区の集中捜査を行ったりもしているのである。

なお、被害者の父・栄作氏は事件直後、「犯人が捕まっても、会いたくもないし、写真を見たくもない。犯人の方でも、私の顔を見られないだろう。よく知っている人に違いないから」とあたかも犯人に心当たりがあるかのような不思議な発言をしたため、一部からは「何か犯人に心当たりがあったのでは……」との推測もなされた。さらに、「中田家は家族関係が極めて複雑だった」といわれており、近所の人々らは「善枝さんの本当の親は違っていた」との証言もしている。

詳細は不明ながら、村内では「それが事件の遠因になった」と考えている人々がいまも少なくないようである。

完全に景色の変わった「事件現場」のいま

事件当時、「村は警察とマスコミがワッと来て、それこそひっくり返ったような大騒ぎだった」（上赤坂の住民）と語られているが、しかし確定判決で「極めて拙劣」と断じられている通り、現地での警察の捜査はずさん極まりないものであった。

筆者も事件現場一帯で長年取材を続けているが、村内においては「警察が何度も聞き込みに来た」という家と「一度も来なかった」という家が混在しているのにしばしば驚かされた。信じ難い話だが、どうやら当時の警察は担当エリアも定めず、またリストさえも作らずに聞き込みを行っていたようなのである。

また、脅迫状には「警察や近所の人に話したら子供は死ぬ」と書かれてあり、事件2日後の夕方まで警察は「極秘捜査」を行っていたことになっているが、実際は事件翌日朝には村人の大半が事件を知っており（事件翌日には、善枝さん同期生による「捜索隊」も結成されている）、その日の夕方には地元住民によって佐野屋付近で、警察が張り込みの準備をしている姿まで目撃されていたのである。さらには、村田養豚場の前においては事件翌日の昼から検問も実施されていた。つまりは、地元に犯人がいたと仮定した場合、警察の動きなど最初から丸見えだったのである。

なお、事件後に自殺者が相次いだことについては、現場一帯でも首を傾げる住民が多かったが、しかし中には「昔の村内では、割合簡単に死を選ぶ風潮が蔓延していた」との証言もあった。驚くべきことに、善枝さんの堀兼中同期生106人をみても、何とすでに1割以上は自殺しているのである。異常な数字というほかないが、もちろんこれらは事件に関係するものではなく、多くはバブルが弾けた90年代前半頃のことだったという。5人の自殺が、もし事件に関係するものであったとしても、そうした風潮が影響していたことはおそらく十分考えられるのであろう。

※

事件から間もなく55年が経つが、近年狭山市内では変化が著しく、事件現場の大半はすでに消滅してしまっている。駅前では再開発が進み、当時の商店街の大部分は駅前広場や歩道になった。殺害現場（確定判決による）や死体発見現場も

遺体発見現場は駐車場になっている

住宅となり、被害者の通学路でもあった約1キロに亘って人家のない、森の中の小道「薬研坂」は2車線のバス通りに変わり、また周辺の1キロ四方の深い森もすべて住宅や商店となった。

養豚場跡にもアパートと新築の家が建ち、身代金受け渡し指定場所「佐野屋」も6年前に閉店している。被害者の通っていた学校は跡形もなくなり、同地では高層マンションの建設が進む。

2018年6月に80歳の誕生日を迎える石川氏はいまだ健在だが、一方被害者については同期生間でさえ、もはやほとんど思い出されることもない状況となっている。

なお、石川一雄氏支援者や弁護団は

いまも無実を訴え続け、各地で活動を続けているが、あくまでも「冤罪の証明」を目的としており、〝真犯人捜し〟などは行っていない。関係者の死去や高齢化とともに当時の記憶は次第に失われつつあり、謎だらけのこの事件の真相もまた、深い闇の中へと消えかけてしまっているようである。

File.12

世紀の「ハイジャック事件」半世紀の星霜

「世界革命」を夢見て飛び立った「よど号」メンバー9名の数奇な人生

「われわれはあしたのジョーである」──約半世紀前に国内初のハイジャックを決行、北朝鮮に渡った９人のメンバーたち。日本中を驚かせた学生運動史のハイライトシーンもやがて記憶の彼方に忘却され、いまなお北に残る４人のメンバーは望郷の念を募らせている。

1960年代後半から激化した日本の学生運動は1970年代前半、連合赤軍による「リンチ殺人事件」「あさま山荘事件」を契機に退潮した。

あれから半世紀近くの時が流れた。時代の波を真っ向からかぶった当時の若者たちもいまや70歳前後の老齢にさしかかっている。

運動に没頭した彼らの多くはその後、普通の社会人として働き、家庭を持ち、それぞれの人生を歩んだ後にリタイアの時期を迎え現役世代にバトンタッチした。時代は確実に流れたのである。

だが「あの日」から時が止まったままの男たちがいる。

1970（昭和45）年、日本初のハイジャックとなる「よど号事件」を起こした実行犯グループである。

「世界革命」を目指した9人のメンバーは乗っ取った航空機で北朝鮮に亡命。その後、5人が死去し、いまもなお4人が北朝鮮で生活している。

2014（平成26）年5月、平壌の「日本人村」で4人のメンバーと日本人妻2人に取材したジャーナリストの原渕勝仁氏が語る。

「日本人村で暮らす彼らの生活はいまのところ安定しており、日本のBS番組なども見ることができますので、情報から隔離されているわけではありません。しかし、帰国を望むメンバーに対して日本政府は、一部のメンバーとその妻が日本人拉致事件に関与したとして逮捕状を出している。彼らはあくまで拉致関与を否定しており、メンバーの帰国は暗礁に乗り上げた状態が長く続いています」

彼らの生活は後に述べるとして、日本を震撼させた「よど号事件」の経緯を改めて辿ってみることにする。

メンバー4人が遅刻し計画は「延期」に

いわゆる全共闘運動の熱量に陰りが見え始めていた1970（昭和45）年、その過激さをいっそう増幅させていったのが赤軍派だった。

同年3月15日、赤軍派最高幹部だった「日本のレーニン」こと京大出身の塩見孝也議長（2017年に死去）が逮捕される。

前年の1969（昭和44）年11月に「大菩薩峠事件」で53名もの幹部が逮捕されていた赤軍派は「国内闘争だけでは限界がある」と考え、革命軍を世界各地に配置する「国際根拠地論」を打ち出していた。

「先進帝国主義国家」打倒のためには「労働者国家」の支援が必要であり、そこで革命の根拠地として選ばれたのが北朝鮮だったのである。

塩見らは「フェニックス作戦」と名付けられた航空機ハイジャックを計画。実行グループリーダーには赤軍派軍事委員会議長の田宮高麿（当時27歳）が選ばれた。

だが、決行直前の段階になって塩見が逮捕される。もっともその時点で当局はハイジャック計画を把握しておらず、塩見の手帳には「H・J」の文字があったが、当時の日本ではまだ「ハイジャック」という言葉がほとんど知られていなかったため、公安警察はその意味を見抜けなかった。

塩見の逮捕を受け、計画の発覚と阻止を恐れた実行犯グループは3月27日、ハイジャックを決行する。だが、メンバーのうち4人が遅刻。リーダーの田宮は決行日を急遽31日に延期した。

まだ飛行機に乗ったことのある日本人がほとんどいなかった時代。遅刻したメンバーたちは予約もなく、時間直前に空港に現れるという失態を演じていた。

ちなみにこのとき遅刻した4人のうちの2人が、現在も北朝鮮に暮らす小西隆裕（当時25歳）と安部公博（当時22歳＝現姓・魚本）である。「労働者階級」による蜂起を目指していた赤軍派だったが、メンバーのなかで実際に労働者と言えたのは高卒で工員をしていた吉田金太郎だけで、あとは単なる無職の若者に過ぎなかった。

仕切り直しとなった3月31日早朝、9名の実行犯が羽田空港に集まった。この日、他にも1名、参加する予定だったメンバーがいたが、姿を現さなかった。しかし、田宮は決行を決断。いまもそのメンバーの名は明らかにされていない。

金属探知機もボディチェックもなかった時代、メンバーたちはいとも簡単に拳銃や日本刀、ダイナマイト（いずれも偽物）を機内に持ち込むことに成功した。

午前7時21分、ほぼ満席となった日本航空351便羽田発福岡行き「よど号」は離陸した。機長は石田真二（当時47歳）。乗客には聖路加国際病院の医師、日野原重明（当時58歳）がいた。

離陸から約10分後、富士山上空に差し掛かった「よど号」内で、赤軍派メンバーが突然、武器のようなものを振りかざして立ち上がった。

「私たちは共産主義者同盟『赤軍派』です！」

乗客がどよめいた。日本初の「ハイジャック事件」発生の瞬間だった。

リーダーの田宮高麿はこう続けた。

「私たちは北鮮に行き、そこにおいて労働者、国家、人民との強い連帯を持ち、

福岡空港から北朝鮮へ向かって飛び立った「よど号」

そこにおいて軍事訓練等々を行い、今年の秋、再度、いかに国境の壁が厚かろうと再度日本海を渡って日本に上陸し、断固として前段階武装蜂起を貫徹せんとしています。われわれはそうした目的のもとに今日のハイジャックを敢行しました！」
他のメンバーが操縦室に押し入り、石田機長に平壌行きを強要。しかし「燃料が足りない」と説得され、給油のため「よど号」はいったん福岡・板付空港に着陸する。
ここで女性や子ども23人が解放され、「よど号」は平壌へ向かった。しかし、ハイジャック発生の情報をキャッチした韓国空軍がスクランブル発進。

空中で「よど号」に接近しソウル・金浦国際空港に誘導、平壌行きを阻止する。金浦空港では北朝鮮人民軍の服装をした韓国兵士が「歓迎」のプラカードを持つなどして平壌到着を偽装した。

しかし、米国航空会社であるノースウエスト機が駐機していたことや、金日成の写真がなかったことなどから実行犯グループに感付かれ、事態はいっそう緊迫の度合いを高める。

結局、4月3日になって日本政府は山村新治郎・運輸政務次官が乗客の身代わりとして人質となること、その後平壌に向かうことで犯人グループと合意。乗客と機長、副操縦士、航空機関士以外の乗務員は解放され、午後7時20分、「よど号」は北朝鮮の美林空港に着陸。亡命は成功した。

なお「よど号」は4月5日に帰国し、犠牲者を出さずに事態を切り抜けた石田機長、山村新治郎は一躍ヒーローとなった。

リーダーの田宮は、ハイジャック前日に「声明文」を用意していた。

〈われわれは明日、羽田を発たんとしている。われわれは如何なる闘争の前にも、これほどまでに自信と勇気と確信が内から湧き上がってきたことを知らない。

……最後に確認しよう。われわれは〝明日のジョー〟である〉
人気漫画の主人公になぞらえ、革命のヒーローを気取ってみせた声明文であったが、彼らの思い描いていた理想と現実はあまりにも大きくかけ離れていた。

主体思想による「洗脳」の日々

平壌に亡命した9人のメンバーと出身大学は次の通りである。
●田宮高麿（27・大阪市立大学）
●小西隆裕（26・東京大学医学部中退）
●安部公博（22・関西大学除籍）
●若林盛亮（23・同志社大学除籍）
●赤木志郎（23・大阪市立大学除籍）
●田中義三（22・明治大学）
●岡本武（25・京都大学農学部中退）

「よど号」メンバーの現在

氏名（当時年齢）	出身校	現在	備考
田宮高麿（27）	大阪市立大学	1995年死去	グループのリーダー。1995年に謎の死を遂げる。妻の森順子はいまも平壌在住。
小西隆裕（26）	東大医学部（中退）	平壌在住	現在北朝鮮に残る4人のリーダー格。
安部公博（22）	関西大学（除籍）	平壌在住	1976年に結婚し魚本姓に。妻子は帰国。
若林盛亮（23）	同志社大学（除籍）	平壌在住	日本人の妻佐喜子も平壌在住。
赤木志郎（23）	大阪市立大学（除籍）	平壌在住	妻（2001年帰国）に拉致事件関与疑惑。
田中義三（22）	明治大学	2007年死去	1996年にカンボジアで偽ドルを所持しているところを拘束され、2000年に日本に移送・逮捕。懲役12年が確定するも病死。
岡本　武（25）	京大農学部（中退）	1988年死去（未確認）	妻とともに土砂崩れによる事故死とされているが未確認。国外脱出失敗説がある。
吉田金太郎（20）	高卒	1985年死去（未確認）	平壌で病死とされるが強制収容所で死去したとの説もあり真偽不明。
柴田泰弘（17）	高校中退	2011年死去	1988年国内で逮捕。懲役5年の有罪判決を受け服役。妻は八尾恵。2011年に大阪市内で死去。

●吉田金太郎（20・高卒）
●柴田泰弘（17・高校生）

東京大学医学部から17歳の少年まで、経歴はそれぞれだが、いずれも赤軍派の思想に共鳴した闘士たちであった。

彼らは金日成に歓待され、不自由のない生活を保証された。しかし、この地を革命の拠点とし、半年後には日本海を渡って日本に戻るという当初の「計画」はまったくの夢物語となる。

メンバーは主体思想の講義を受ける日々が続き、当局の厳重監視下におかれ、帰国はもちろんのこと、「金日成のオルグ」や軍事訓練、武装蜂起などを起こせる可能性は皆無だった。

1975（昭和50）年ごろから1977（昭和52）年にかけ、金日成の意向もありメンバーは北朝鮮で次々と結婚する。

相手は日本から北朝鮮に渡った主体思想に関心を持つ日本人女性（一部に在日女性も含まれる）だった。

例外としては東大医学部中退の小西隆裕が、北朝鮮にやってきた学生時代の恋人、福井タカ子と結婚したケースもあった。

彼らにはやがて子どもが生まれ、平壌郊外の「日本人村」には最盛期で36人の日本人が共同生活を送っていたという。

ハイジャックから15年が経過した1985（昭和60）年7月、リーダーの田宮は中曽根康弘首相（当時）に対し、帰国の意志を伝える。

これ以上、ここ（北朝鮮）にいる意味はない――それは革命家としての敗北宣言に他ならなかったが、バブル時代の日本では、彼らはいわば「取り残された化石」となっており、帰国を後押しするような世論はどこにもなかった。

もし彼らが帰国した場合、どういうことになるか。

事件発生当時、まだハイジャック防止法（「航空機の強取等の処罰に関する法律」）がなかったため、ハイジャックそのものの罪に問われることはなかったが、航空機を財物とする強盗罪や乗員らに対する略取誘拐罪に問われれば、懲役10年以上の重い刑が言い渡される可能性が高かった。

しかし田宮はあくまで無罪帰国を主張。政府の立場とは平行線を辿り、帰国は実現しなかった。

そんな折、メンバーの1人に異変が起きる。唯一、結婚が確認されていなかった吉田金太郎が1985（昭和60）年9月4日、平壌市内の病院で「急性肝萎縮症」のため死去したのである。

日本から家族が駆けつけたが、すでに吉田は遺骨となっていた。1973（昭和48）年以降、生存した吉田の姿が確認されていないことや、残されたメンバーが吉田について語らないことから、何らかの形で脱出・反抗しようとしたため強制収容所送りとなり、死亡したのはもっと以前だったのではないかとの疑惑は根強い。

後に分かることになるが、この時期、一部の「よど号」メンバーとその妻たちは、偽造パスポートや正規旅券を駆使し、海外へ渡航。そこで新たな日本人を北朝鮮へ連れてくるための工作活動を行なっていた。

あの横田めぐみさんが北朝鮮工作員に拉致されたのが1977（昭和52）年のことである。

吉田の死に先立つこと半年、1985（昭和60）年4月ごろ、大胆にも日本に「帰国」していたのが最年少メンバーの柴田泰弘だった。

当時少年だった柴田は氏名や写真が報道されておらず、人材や資金を集めるための工作員として適任と判断されたと思われる。

また、柴田と結婚していた八尾恵もその前年、フランクフルト経由で帰国しており、横須賀でカフェバーを経営していた。

１９８７（昭和62）年、大韓航空機爆破事件が発生。そして１９８８（昭和63）年、柴田と八尾恵は、国内潜伏を突き止めた外事警察によってほぼ同時期に逮捕された。

北朝鮮にいたはずの柴田が日本で逮捕されたことは内外に大きな衝撃をもたらし、また「大韓航空機爆破事件に関与している」という説のあった八尾恵の国内での活動実態に関心が集まった。

裁判の結果、柴田には懲役5年の有罪判決が確定。また、八尾は偽名での住民票登録（公正証書原本不実記載・同行使）による罰金刑のみで釈放されている。

１９８８（昭和63）年には、メンバーの１人、岡本武とその妻が「土砂崩れ」によって死亡した。しかし、岡本は80年代半ばに漁船で脱出を試み失敗した後、行方が分からなくなっていたとの情報があり、いつどのような形で死去したのかはいまだはっきりと確認されていない。

岡本武の弟・岡本公三は１９７２（昭和48）年、イスラエル・テルアビブで起きた「ロッド空港乱射事件」の実行犯であり、事件後終身刑を受けたものの、捕虜交換で釈放され、現在もレバノン郊外に潜伏していると伝えられている。

田宮高麿の不審な「突然死」

「よど号」メンバーにとって最大の試練は1995（平成7）年にやってきた。

「オウム真理教事件」に揺れる日本列島をよそに、この年11月、懲役18年の実刑判決を受け日本で服役、出所していた塩見孝也・赤軍派元議長が北朝鮮を訪問。そこで田宮と会っていたが、塩見が田宮と別れた翌11月30日、前日まで元気だった田宮が突然「心臓発作」により死去するのである。52歳だった。

リーダー・田宮高麿の死にはいまも謎がつきまとう

田宮は「粛清」されたのではないか——いまもってそう考えている関係者も多いが、現在生存するメンバーはそうした事実はなかったと否定しており、また粛清を示す証拠はなく、真実はいまもって判然としない。

1996(平成8)年にはカンボジアで偽ドルを所持していた田中義三が拘束され、タイに移送される。

田中は2000(平成12)年に日本に移送され、30年ぶりの帰国を果たしたものの、懲役12年の判決を受けた。これにより、田宮を含むメンバー3人が死去、2人は日本で逮捕され、北朝鮮に残ったメンバーは4人となる。

日本国内では1997(平成9)年ごろから、これまで濃厚な疑惑とされてきた「北朝鮮による日本人拉致」の問題が大きく報道されるようになっており、そこで前出の八尾恵が「よど号」メンバーとその妻たちによる拉致工作関与を証言したため、北朝鮮に残る「よど号」メンバーの帰国実現はますます遠のくことになった。

2002(平成14)年9月、小泉訪朝が実現し、北朝鮮の金正日総書記は初めて「拉致」を認め謝罪。その後、5人の拉致被害者が帰国した。「よど号」メンバーについてはその妻(拉致事件で指名手配されていない者)、子どもたちが2001(平成13)年より順次帰国。妻たちのほとんどは旅券法違反容疑で逮捕されたが、裁判の結果、執行猶予付きの有罪判決にとどまっている。

メンバーたちの「それから」

家族が帰国した結果、北朝鮮にとどまっているのはリーダーの小西隆裕、若林盛亮、安部（魚本）公博、赤木志郎。そして拉致事件に関与したとされる田宮高麿の妻、森順子と若林の妻である黒田佐喜子の6人だけになった。

彼らの生活について、冒頭の原渕氏（ジャーナリスト）が語る。

「彼らは一時期、外貨ショップを経営したり、中古車販売会社を設立してビジネスを展開していましたが、現在はすべて整理しています。生計については、食糧や衣類などの必需品は当局から提供され、住居も相変わらず〝日本人村〟にありますから、生活には困らない。ただし、決してぜいたくな暮らしではなく、いたって質素です」

北朝鮮に渡ってすでに半世紀近くになる彼らだが、食生活には「懐かしの」味噌汁や自家製の梅干などが登場し、やはり日本人であることを感じさせるという。

「彼らにとってもっとも大切なことは、帰国もさることながら、自分たちがやったことの意味を納得できる形で整理し、歴史に定着させることなのだと思います。

すでにメンバーは70歳前後になっており、人生を総括する時期にさしかかっているのです」（原渕氏）

原渕氏は２０１０（平成22）年に「よど号」メンバーを取材した際、ＮＨＫ（ＢＳ）で放送されていた『竜馬伝』を見ていたリーダーの小西の言葉をよく覚えている。

「武市半平太、あれは原理主義者やな。原理主義者は世の中を変えるきっかけにはなるんやけど、結局は続かないんや。やっぱり本当に世の中を変えるには、竜馬のような奴がおらんといかんのや」

東大出身の小西だが、他の３人のメンバーが関西人であるため、その言葉遣いには関西訛りがあったという。

『竜馬伝』に登場していた武市半平太は尊王攘夷運動を展開、土佐藩士の吉田東洋を暗殺するが、最後は投獄され、37歳で切腹する人物である。

小西が「原理主義者」である武市と自分の姿を重ね合わせていたのかは分からないが、原渕氏はその言葉を次のように受け止めたという。

「結果的に世の中を変えられなかった、捨て石のような存在であったとしても、そこには何かしらの意味があったんだということを、自分自身に言い聞かせているように感じられました」

時の流れは残酷である。現在の日本ではもはや「よど号」メンバーに関心を寄せるどころか事件を知らない人も多く、彼らは「過去に迷惑な事件を起こした自業自得の犯罪グループ」としか思われていないのが現実だ。

そうした切なさと闘いながらも、「よど号」メンバーは自身の数奇な半生に何らかの意味合いを見つけようと模索し、望郷の念を募らせ、帰国を待ち望んでいるのである。

リーダー・田宮の死については、その急死の裏に政治的背景があったのではないかと質問する日本人に対し「一笑に付す」といった様子であるという。

「気色ばんで否定するということは全くなく、いたって穏やかに、そうしたことはありえないということを繰り返していましたね。拉致の問題についても、小西氏は私の目を見て『原渕さん、僕らは天地神明に誓ってやっていません』と言うのです。本当のところは分からないのですが、もしそれがウソだったとしたら、稀代の演技派だと思います」(原渕氏)

しかし、日本政府が拉致問題関与についての逮捕状を撤回することは現実問題としてあり得ない。

北朝鮮に残るメンバーを取材する原渕氏(右)

残る4人のメンバーと2人の妻は、それらをすべて受け入れ帰国し、裁判を受けるか、それともこのまま北朝鮮の地に骨を埋めるか。この二者択一になると思われる。

前後したが、日本に帰国し懲役12年の判決を受けた田中義三は熊本刑務所に服役中、肝臓がんを患い、2007(平成19)年、医療刑務所で死去している。58歳だった。

また1988(昭和63)年に逮捕され、懲役5年の判決を受けた柴田泰弘はその後、関係者とは距離を置き、大阪でソフト開発の仕事に携わっていたとされる。

「2011(平成23)年、彼が住む大

阪のアパートを訪ねたことがありました」

と原渕氏が語る。

「私は支援者とともに柴田と会ったのですが、彼は健康状態が悪く、昼間にもかかわらずカーテンを閉め切った暗い部屋の中で寝ていました。食べ終わったカップラーメンや新聞が付近に散乱しており、ドアが開かれたままのトイレにだけ電気がつけられていました」

柴田はそのわずか10日後、ひっそりと自室で死去する。こちらも58歳だった。

「男・山村新治郎」の悲劇

最後に、事件に深く関わった人物たちの「それから」について触れておきたい。

まず、「よど号」パイロットの石田真二元機長である。

ハイジャックが起きた1970（昭和45）年3月31日、何事もなくフライトを終えれば石田機長は念願の「国際線機長」に昇格することになっていた。

ハイジャックの決行は当初3月27日だったことはすでに述べた。あの日、もし実行犯が遅刻せず集結していたら、石田機長の人生は大きく変わったものになっていたに違いない。

首尾よく事件を切り抜け日本に帰国した石田は国民的ヒーローとなり、マスコミは「勇敢なパイロット」と石田を賞賛した。

しかし、有名になりすぎたことが災いし、石田に不倫相手の「愛人」がいることを週刊誌がスッパ抜く。

それがもとで事件から2年後に日本航空を退職した石田は、小型機のパイロットや漬物店の経営など、職を転々としたうえで最後は夜間警備員として働いた。元・花形機長の余生としては不遇の晩年だった。

事件によって人生が変わった日本航空の石田真二元機長

もっとも、その後「よど号」乗客だった日野原重明氏（２０１７年に死去）と雑誌で対談するなど、隠遁生活を送るでもなくメディアの取材にも対応していたのはある意味立派だった。
２００５（平成17）年に肺がんが見つかり入院。その後、集中治療室で意識が朦朧とするなか、メモ帳に「ハイジャック」「けいさつ」と記したという。2006（平成18）年8月13日、石田は83歳で波乱の生涯を終えた。

そして人質解放の「身代わり」として「よど号」に乗り込みヒーローとなったのが山村新治郎・運輸政務次官（当時）である。

山村はソウル・金浦空港で日本人乗客の身代わりとして「よど号」に乗り、北朝鮮へ降り立った。

その後すぐに解放され、石田機長が操縦する「よど号」で帰国したが、「身代わり新治郎」の美談は日本中を席巻し、山村は内閣総理大臣顕彰を受賞した。

山村は1987（昭和62）年、第2次中曽根内閣において農林水産相として入閣。また1989（平成元）年の宇野内閣では運輸大臣をつとめた。

順調に政治家としてのキャリアを積んでいた山村に悲劇が訪れたのは1992（平成4）年のことである。

この年、自民党の訪朝団団長として、「あの日」以来となる北朝鮮への渡航を翌日に控えていた4月12日、自宅にて24歳の次女に包丁で刺され、58歳の山村は無念の死を遂げるのである。次女は当時、精神疾患を患っていた。

この衝撃的な事件により、山村とリーダー・田宮高麿との「22年ぶりの再会」

は幻となった。父を殺害した次女は責任能力なしとされ不起訴となったが、その4年後に自殺している。

また「よど号」事件のプロデューサーでありながら事件前に逮捕された赤軍派議長の塩見孝也は懲役18年の刑が確定。1989年に出所し、講演や清瀬市の駐車場管理員などをして生活していたが、その言説はすでに時代性を失っており、北朝鮮に残る「よど号」メンバーとの関係性も希薄になっていた。

最晩年は残された支持者などのカンパなどによって暮らしていた塩見であったが2017年、76歳で死去している。

数々の関係者の運命を大きく変えた「よど号」事件。だが、月日は流れた。止まった時計が再び動き出すことはあるのだろうか。運命に翻弄された青年たちの物語はいま、ラストシーンに差しかかっている。

朝日新聞 号外

日航機 乗取られる

赤軍派学生？北朝鮮行き命令

機内に客・乗員一二五人

福岡 北に向け飛び立つ

婦女子23人は降ろす

富士上空、機長に短刀

救出できぬ焦燥

機外うかがう黒メガネ

非常捜査を開始

乗客

乗務員

1970年3月31日、事件を報じる朝日新聞の号外

File.13

ハワイ巡業で入手――毎日新聞がスクープ

昭和の大横綱「大鵬」の知られざる「拳銃密輸事件」

1965年に発覚した横綱・大鵬と柏戸の「拳銃密輸事件」。前代未聞のスキャンダルを毎日新聞がスクープしたものの、大横綱への処分は書類送検、罰金にとどまった。角界を揺るがせた騒動を取材した記者の回想。

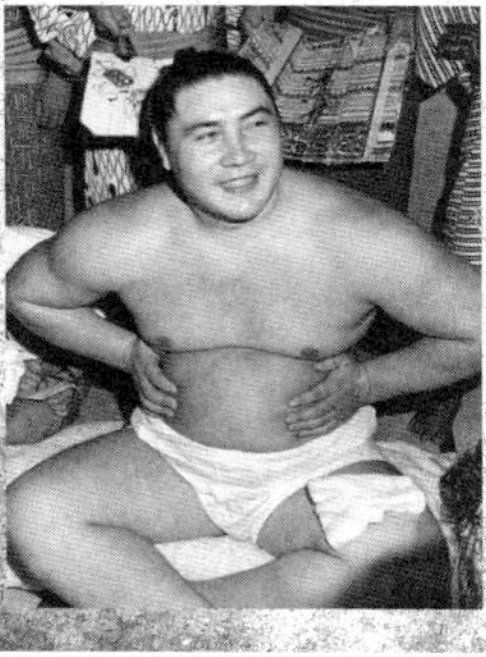

昔のほうが怪しかった「横綱の品格」

横綱・日馬富士の暴行問題に揺れた2017年の大相撲界。第一人者である白鵬も事件の当事者として、横綱としての「品格」が改めて問われた事件だった。

何かと綱の品格に「物言い」がつけられる時代になって久しいが、いまと比べて昔の横綱が品行方正だったとは必ずしも言い切れない。実は白鵬が師と仰いだことでも知られる昭和の大横綱・大鵬にも、あわや力士生命を失いかねないほどの「素行不良エピソード」があった。

「大鵬は全盛期の1965（昭和40）年、巡業先のハワイから拳銃を密輸した容疑で同じく横綱の柏戸、さらに当時平幕だった北の富士、豊国らとともに書類送検されたことがありました。現役横綱がピストルを国内に持ち込むという事件ですから、おそらく現在同じことが起きれば、引退勧告は避けられないスキャンダルだったでしょう。ところが当時は本場所中に問題が発覚したにもかかわらず、両横綱は欠場すらしませんでした。もっとも、そもそも拳銃の〝密輸〟を取り締まる法律すらなかった時代の話ですが……」（大相撲担当記者）

いまから50年以上前に起きた、前代未聞の「現役横綱の拳銃密輸事件」。いったいどのような事件だったのかを振り返ってみることにしよう。

「ハワイ巡業」で拳銃と銃弾を入手

1965（昭和40）年5月14日、毎日新聞の社会面に、驚くべきスクープが三段扱いで掲載された。

「関取のピストル、警視庁に報告」

「川に捨てた　大鵬、柏戸」

記事は、現役横綱として5月場所の土俵に上がっていた大鵬、柏戸がピストルを所持していたことを伝えるものだった。

日本相撲協会は5月13日にその事実を警視庁に報告。大鵬は前年の1964（昭和39）年、米国・ハワイ巡業の際に拳銃1丁と銃弾を購入。

さらに柏戸も1962（昭和37）年のハワイ巡業で同じく拳銃と銃弾を購入していたという報道内容だった。

当時、警視庁は拳銃の摘発に乗り出しており、本場所（5月9日初日）前の5

月6日には、同年3月場所をもって廃業していた元大関・若羽黒がピストルを不法所持していた疑いで逮捕されていた。

それはやはり、ハワイ巡業にて入手した拳銃を山口組系国粋会の組員に横流ししていた容疑だったが、国民的人気を誇る大鵬、柏戸までもが拳銃密輸に手を染めていたという事実が明るみになったとき、角界は天地がひっくり返るほどの大騒ぎになった。

「実は、最初にその情報を聞きつけたのは私でした」

そう告白するのは、元毎日新聞記者で大相撲ジャーナリストの中澤潔氏である。

「あのときは東京での本場所中でしたが、確か場所の2日目か3日目、私は国技館の記者席で、隣に座っていた日刊スポーツの記者と若羽黒の事件について雑談していたとき、たまたまこんな話を聞いたのです」

その日刊スポーツ記者は近畿大学の相撲部出身で関取衆と親しく、しかも1964（昭和39）年のハワイ巡業にも同行していたという。

日刊スポーツ記者は、こともなげに中澤氏にこう漏らした。

「いま問題になっている若羽黒の件な。あんなの1人だけやないで。大鵬や柏戸だってハワイで買うた〝チャカ〟持っとるがな」

驚いた中澤氏は思わずこう聞き返した。

「それが本当なら問題じゃないですか。何であなた、それを書かないの？」

すると日刊スポーツの記者は手を顔の前で振りながらこう答えたという。

「横綱やぞ。書けるわけないやろ」

中澤氏が語る。

「もうその記者は亡くなりましたが、彼がハワイ巡業に同行していたことや、学生時代にはプロの関取衆と巡業をともにして一緒に稽古するなど、力士や親方と非常に親しい関係にあったことは私もよく知っていましたから、その話がデタラメではないと私は確信しました。それで会社（毎日新聞社）に戻り、名古屋から東京に出張に来ていた先輩の運動部記者と、社会部記者に自分が聞いた話を伝えたんです。すると彼らは色めきたって、すぐに大鵬の所属していた二所ノ関部屋と柏戸の所属していた伊勢ノ海部屋に行き、親方を問い質した。すると、意外にあっさり両横綱が巡業先のハワイから拳銃を不法に持ち込んでいたことを認めたのです」

当時は出入国の際、現在のような厳重なボディーチェックもなく、特に大相撲力士ともなれば完全にフリーパス。大鵬や柏戸がどのような理由で拳銃を購入したのかは定かでないが、若羽黒のように暴力団員に売りさばく意図はなく、単純な好奇心だったと見られている。

「やはり、親方や力士と日常的に付き合う相撲担当記者では書けない話だったでしょうね。しかし社会部の警視庁担当記者からすれば、これは事件ですから相手との関係性を考えなくてもいい。たまたま私が聞きつけた話が、大きな事件報道になってしまったという珍しいケースでした」（中澤氏）

土俵に上がり続けた大鵬と柏戸

場所前の「若羽黒逮捕事件」に動揺していたのか、1965（昭和40）年5月場所、大鵬は7日目終了時点で3勝4敗と金星（平幕力士が横綱に勝つ）を3個も献上。

柏戸も同じく7日目で4勝3敗と成績が振るわず、場所中の7日目に毎日新聞がスキャンダルをスクープしたこともあって、他紙はこぞって「大鵬、柏戸は休場」と書き立てた。

ところが毎日新聞は逆に「両横綱の休場はない」と断言。実際、これだけの騒ぎになっていたにもかかわらず、大鵬と柏戸はともに9勝6敗という低調の成績ながら途中休場はしなかった（大鵬は千秋楽のみ不戦敗）。

「実はあのとき、両横綱が休場しないという確信があったんです」

と中澤氏が語る。

「当時、仲の良かった報知新聞（現・スポーツ報知）の記者が私にそっと教えてくれたんです。大鵬と柏戸が、時津風部屋から出てきたのを見たというんですね。時津風親方は当時の相撲協会理事長で、言わずと知れた元横綱・双葉山です。これはどう考えても、問題の横綱2人を理事長が呼び出したとしか考えられなかった。それで私は報知の記者と連れ立って、時津風理事長をたずね、おそるおそる聞いたんです」

中澤氏は、元双葉山の時津風理事長にこう聞いた。

「いま、拳銃の問題で横綱の休場論が出ている。理事長、両横綱を呼んで話をしたというのは本当ですか」

すると双葉山はその事実を潔く認めた。

「ああ、本当です」

「何を話されたのですか」

「2人には、絶対に休場するなと厳命した。こんなことで横綱が土俵から下りることは許されない。最後まで相撲を取れと」

中澤氏が振り返る。

「現在の相撲界では考えられないような話ですが、私はさすが双葉山だと思いましたよ。天下の大鵬、柏戸にそんなことを言える人間は、角界広しと言えど、双葉山しかいなかったでしょうからね。直接、時津風理事長からその話を聞いて、私は両横綱が絶対に休場しないと確信を持つことができたのです」

罰金刑の略式起訴処分で終了

さて、その後大鵬、柏戸はどうなったか。

まず場所後の5月24日に柏戸が警視庁に出頭。そして6月1日には大鵬も出頭した。

問題となった拳銃について、両横綱は「隅田川に捨てた」と供述。証言に基づき川の捜索まで行われたが拳銃は発見されず、結局両横綱は3万円の罰金という略式起訴処分に終わった。なおこのとき、元横綱千代の山の九重親方、当時平幕だった北の富士（後に横綱）、豊国も拳銃所持で書類送検されている。

あわや力士生命を失いかねないほどの事件を起こしてしまった大鵬だが、その翌場所には17回目の優勝を飾り、汚名を返上。最終的には通算32回の優勝を成し遂げた。

また、柏戸も事件後3度優勝（通算5回）しており、大鵬の良きライバルとしていわゆる「柏鵬時代」を演出している。

もしあのとき、2人の横綱の力士生命が奪われていたならば、大相撲の歴史は大きく変わっていたかもしれない。大鵬親方の知られざる「品格問題」は、古き良き時代の日本を象徴する事件であったと言えるだろう。

供述に基づき隅田川を捜索する警視庁。だが拳銃は発見されなかった

1965年5月、拳銃を捨てた場所に係官を案内する白岩山(横綱・柏戸の付き人、浴衣姿)

宝島SUGOI文庫

誰も書かなかった昭和史の謎

(だれもかかなかったしょうわしのなぞ)

2018年2月10日　第1刷発行

編　者　別冊宝島編集部
発行人　蓮見清一
発行所　株式会社 宝島社
〒102-8388　東京都千代田区一番町25番地
電話：営業03(3234)4621／編集03(3239)0646
http://tkj.jp
印刷・製本　株式会社廣済堂

ISBN978-4-8002-7995-8